NICOLE ZEPTER

Der Tag, an dem ich meine Mutter wurde

Tochtersein zwischen Liebe und Befreiung

Blessing

Sollte diese Publikation Links auf Webseiten Dritter enthalten,
so übernehmen wir für deren Inhalte keine Haftung,
da wir uns diese nicht zu eigen machen,
sondern lediglich auf deren Stand zum Zeitpunkt
der Erstveröffentlichung verweisen.

Verlagsgruppe Random House FSC® N001967

1. Auflage
Copyright © 2018 by Karl Blessing Verlag
in der Verlagsgruppe Random House GmbH,
Neumarkter Straße 28, 81673 München
Umschlaggestaltung: Geviert, Grafik und Typografie, München
Umschlagabbildung: © Jonas Lindstroem
Satz: Leingärtner, Nabburg
Druck und Einband: CPI books GmbH, Leck
Printed in the Czech Republic
ISBN: 978-3-89667-549-1

www.blessing-verlag.de

INHALT

Für Karin

Vorwort

Im Sommer 1974 verliebte sich meine Mutter in meinen Vater. Sie wurde schwanger und brachte mich auf die Welt. Achtzehn Jahre lang sollte ich nichts von dieser Liebe und von meinem Vater wissen. Nach gut einem Jahr gingen sie auseinander – meine Mutter hat nie wieder mit meinem Vater gesprochen.

Im Jahr 2010 verliebte ich mich in den Vater meines Sohnes. Und wiederholte das intensivste Jahr meiner Mutter bis ins kleinste Detail.

Beide Beziehungen haben ähnliche Muster. Beide Beziehungen haben einen ähnlichen Verlauf. Die Geschichte meiner Eltern endete in Trennung und Distanz. Ich habe ein distanziertes Verhältnis zum Vater meines Kindes. Was war geschehen? Wie konnte es passieren, dass ich das Leben meiner Mutter wiederholt habe? Was sich wie Schicksal anfühlte, wie Marionettenfäden, die ich nicht sehen konnte, wollte ich mir erklären lassen. Von einer Therapeutin, von meiner Familie – und von meiner Mutter.

Mütter und Töchter, das sagen Wissenschaftler wie auch Mütter und Töchter selbst, haben eine besondere, intensive Beziehung. Sie schwankt zwischen starker Anziehung und ebenso starker Ablehnung. Vor allem in den Momenten, in denen sich Töchter in ihrer Mutter wiedererkennen, ist die erste Reaktion oft: reine Ablehnung. »Ich wollte nie so sein wie du!« Diesen Satz höre ich oft Töchter über ihre Mütter sagen. Viele Töchter, die die eigene Mutter im Gesicht sehen, erschrecken sich. Ich wollte nie so sein wie du – warum werden wir dann aber doch wie sie? Die Liebe und die Sehnsucht nach der Mutterliebe prägt, und wir richten uns danach aus. Die Suche nach Liebe und Anerkennung bestimmt unser Verhalten. Diese tiefe erste Beziehungserfahrung prägt uns enorm. Wir geben vielleicht mehr, als uns lieb ist, und stecken eigene Bedürfnisse zurück. Wir erlernen ein Verhaltens*muster*. Ein Muster, das uns in den ersten Lebensjahren geholfen hat, doch im späteren Leben vielleicht keinen Sinn mehr macht.

Ein Muster zu erkennen und zu ändern heißt auch, sich selbst zu ändern. Wenn Töchter sich in ihren Müttern wiedererkennen, erkennen sie sich oft in den Schwächen wieder. Und werden so mit den eigenen Schwächen konfrontiert. »Ich dachte immer, ich sei stärker als sie. Ich bin jedoch genauso schwach wie sie.« Diese Erkenntnis kann befreiend sein und einen Entwicklungsschritt vorantreiben: *Ich bin nicht die, die ich zu sein glaubte.* Wer bin ich dann – und wie möchte ich mein Leben gestalten?

Wenn ich mich an die Frau erinnere, die mich so sehr prägte, erinnere ich mich an eine weiche, feminine Mutter, die ich beschützen wollte. Ich erinnere mich an eine schmale Frau in Jeans und einem graublauen Pullover. Schlicht, ein wenig lässig. Sie hatte kurzes dunkles Haar. Es waren die 1980er-Jahre. Sie war immer noch jung, in den Dreißigern. Meine Mutter, dachte ich, war etwas Zartes, Verletzliches. Als junges Mädchen war ich emotional so sehr von ihr abhängig, dass ich dachte, würde sie sterben, wollte ich mich umbringen. Ob ich es tatsächlich getan hätte? Ich hatte den Satz im Kopf: *Sie ist meine Göttin.* Wer sie wirklich war, wurde mir erst viel später bewusst, erst dann, als ich selbst Mutter wurde. Ich hatte das erste Mal den Blick dafür, sie als Mensch zu sehen. Mit Höhen und Tiefen, Schwächen und Stärken. Ich hatte das erste Mal den Blick und die Größe, ihr zu verzeihen. Ihr zu danken. Und ihr meine Konflikte nicht mehr zu übertragen. Was ich jahrelang nicht von ihr wusste, aber ahnte, war ihre Lüge. Ihre Angst. Ihre Verletzung. Achtzehn Jahre lang meinen Vater zu verschweigen, die Angst vor der Entdeckung zu verschweigen, die Scham der Großeltern über ein uneheliches Kind zu verschweigen, all das hat sie auch zu einer unnahbaren Person gemacht. Doch wurde ich als Zwanzigjährige nicht auch Eisprinzessin genannt? War ich nicht wie sie? Welche Rolle hat sie für mich eingenommen? War sie die Zugewandte? Die Schroffe? Die Sorgende? Die Distanzierte? Die Bedürftige? Ich erinnere mich an meine tiefe Abneigung als Kind gegenüber der Bedürftigkeit meiner Mutter. Sie konnte sich schwer durchsetzen. Auch dann, wenn mein Stiefvater mich demütigte oder mir eine Ohrfeige gab. Sie blieb dann stumm. Parteilos. Zog sich zurück. *Das Wichtigste ist Unabhängigkeit,* sagte meine Mutter mir oft. Doch dieses Signal kam nicht von einer emanzipierten Frau.

Es war ihr eigener Wunsch an sich selbst, den sie nicht verwirklichen konnte. Doch der Glaubenssatz blieb bei mir: Ich brauche keinen, ich kann alles allein. Noch heute fällt es mir schwer, jemanden um Hilfe zu bitten oder jemandem zu sagen: Ich brauche dich. Meiner Mutter sage ich das sehr selten.

Eine Tochter lernt über ihre Mutter, wie es ist, eine Frau zu sein. Ich lernte, dass ihr Frauenbild nicht glücklich macht, und handelte stets in Opposition zu meiner Mutter. Sie war die Schwache. Ich die Starke. Die, die vorpreschte, wenn andere sich zurückzogen. Ich übernahm Verantwortung. Auch für sie. Bis heute bin ich davon überzeugt, meinen Nachnamen bei einer Heirat nicht abgeben zu wollen. Meine Mutter hat sich ihren Mädchennamen vor Kurzem zurückgeholt.

»Ich wollte nie so sein wie du!« Dieser Satz wurde für mich ein Mantra, als ich nach achtzehn Jahren erfuhr, dass meine Mutter mich angelogen hatte. Und jetzt unfähig war, mit dem Konflikt umzugehen. *Das möchte ich meinen Kindern nie antun,* dachte ich. Ich erinnere mich daran, wie sie aus einem Urlaub zurückkam und mir ihr Gesicht wie eine Maske vorkam. Sie hatte sich entfremdet. Von ihrem Mann, von ihrer Familie. Von mir. Sie zog aus und verschwand aus meinem Leben. Als ich mich innerlich enttäuscht von meiner Mutter distanzierte und gleichzeitig tief verletzt nach ihrer Liebe suchte, wurde ich von einem Mädchen zur Frau. Vogelfrei bin ich, sagte ich damals. Es klang nicht glücklich. Und wirklich frei war ich auch nicht. Wie ein unsichtbares Band klebte etwas zwischen meiner Mutter und mir, zwischen meiner Familie und mir. Etwas zog an mir. Und ich ließ es ziehen.

Ich war ihr verbunden und wurde ihr mehr und mehr ähnlich. Manchmal war es der Kommentar eines Freundes, der mich aufschrecken ließ. Etwa, wenn er mich für etwas kritisierte, das ich selbst meiner Mutter vorwarf. Oder ich erschrak, wenn ich einen Ton anstimmte, den ich von meiner Mutter kannte. Doch das erschien mir normal. Würde jedem passieren. Wir alle werden ein bisschen wie unsere Eltern und verlieben uns in die Männer, die unsere Väter waren. Doch was das wirklich bedeutete, das wusste ich nicht. Die Beziehung zu einer Mutter ist etwas so existenziell Prägendes und so Selbstverständliches, dass es manchmal eine extreme Situation braucht, um die Dinge mit Distanz betrachten zu können. Als ich genau die schmerzhafte Enttäuschung meiner Mutter wiederholte, gelang es mir das erste Mal, meine Mutter als Mensch zu sehen, als Frau. Ich wiederholte ihr Jahr, in dem sie glaubte, ihre große Liebe gefunden zu haben, eine Familie gründen zu wollen – um dann doch als enttäuschte Frau mit unehelichem Kind wieder zu Hause bei den Eltern zu landen. Ich wiederholte ihren Männertyp. Ihre Ängste. Ich wiederholte ihre Bedürfnisse. Ich konnte aus der Parallele lernen. Doch werde ich ganz von dem Muster meiner Mutter befreit sein?

Diese Geschichte ist eine Spurensuche in das Unbekannte in meiner Familie – etwas, das uns scheinbar unbewusst zieht, uns leitet oder urplötzlich über uns hereinbricht, weil es immer schon da gewesen ist.

Liebe

Das Hotel hat keinen Namen. Zumindest keinen, an den ich mich erinnern kann. Es steht schmal und schmucklos neben der Straße wie ein Klotz. Die Eingangshalle besteht aus einem grauen Tresen und einem tristen Linoleumflur. Als ich abends in der Hotelhalle stehe, denke ich: klein und billig. Dort oben ist das Zimmer. Es ist ein schmaler Schlauch von einem Raum mit schlichten Holzmöbeln und führt auf ein Fenster zu. Dort auf der Fensterbank sitzt der Mann, in den ich mich verliebt habe. Das Fenster ist geöffnet, es ist Sommer, und das Licht scheint nur deshalb hinter ihm zu stehen, um ihn zu beleuchten. Er ist nackt und hat ein Handtuch um die Hüften gebunden. Das könnte fast lächerlich aussehen, doch in diesem Moment fügt es sich in das Bild ein. In einer Hand hält er eine Zigarette. Sein Gesicht steht im Profil, er zieht an der Zigarette, lächelt und schaut mich wieder an. Als ich viel früher am Morgen wach werde – heimlich und leise, ich versuche sogar, meinen Atem anzuhalten –, liege ich in einem schmalen Spalt zwischen ihm und der Wand, das Fenster ist bereits geöffnet. Ich kann die Geräusche im Hinterhof hören: ein Klackern, ein Hall. So, wie sie immer im Sommer zu hören sind: als ob jemand eine Wand über den Himmel gezogen hätte, alles wie unter eine Glaskuppel gesetzt. Jetzt sitze ich auf diesem Bett und betrachte den Mann im Fenster. Meine Haare sind verknotet, meine Lippen trocken. Ich sehe seinen Körper, mit einer Schulter lehnt er sich aus dem Fenster. Große Arme, großer Körper, aber alles so weich, als könnte ich die Haut vom Bett aus riechen. Ein Mundwinkel hebt sich zu einem Jungslachen. Wir reden, und das, was wir reden, hat lange eine Bedeutung für mich, jeder einzelne Satz. Jetzt habe ich alles vergessen. Ich sehe nur noch das Bild. Und höre die Stimmen im Hinterhof.

So fängt es an. Wenn ich die Bilder zurückspule, gibt es irgendwo einen Anfang. Ein Bild, ein Zufall. Ein Freund kennt einen Freund. Eine Bahnfahrt von Leipzig nach Berlin, ein Kennenlernen, es ist noch nicht einmal Sommer, aber wir sitzen draußen und er kommt mit der gleichen schlaksigen Jungenhaftigkeit um die Ecke, mit der er sich später im Fensterrahmen die Zigarette anzünden wird. Er ist ein Triumph, ein Fang. Er verkörpert all das, was ich sein möchte: frei, schön, mutig, eigensinnig. Und doch denke ich nicht mehr an ihn, als ich zurückfahre, nach Hause, in eine andere Stadt, in ein anderes Leben. Es vergeht eine Woche, es vergehen zwei Wochen, drei Wochen. Dann klingelt das Telefon. Ich sehe seinen Namen und zögere. Mein Herz klopft bis zum Hals, als ob ich alles ahnen würde. Ich lasse es liegen. Es klingelt weiter. Ich gehe auch beim zweiten Klingeln nicht ran. Dann endlich traue ich mich.

Hallo? Hallo.

Viele, viele Jahre vor dieser Zeit verliebte sich meine Mutter in meinen Vater. Es ist das Jahr 1975, und meine Mutter tritt vor die Haustür. Sie ist eine schöne, junge Frau: schwarzes, welliges, halblanges Haar. Sie trägt eine Bluse, dazu eine enge Jeans, natürlich mit Schlag. Wenn sie ihren Rücken durchdrückt, dann wird aus ihren 170 Zentimetern eine Statue in Wildlederstiefeln. Was für eine Zeit. Auf dem SPIEGEL wird die »Frau '75 mit Kind« als »Große erotische Mutter« gezeigt, die Titelzeile: »Zurück zur Weiblichkeit«.

Spaniens Diktator Franco ist an einem Herzinfarkt gestorben und entlässt die Spanier in die Freiheit. Sie müssen den Nationalkatholizismus nicht mehr ertragen. Sie müssen nicht mehr Verfolgung und Tod fürchten. Der Tod kommt in Europa wahlloser. Das RAF-Kommando »Holger Meins« stürmt die deutsche Botschaft in Stockholm. Am Morgen des 3. November wird der Regisseur und Dichter Pasolini leblos aufgefunden. Er wurde mit seinem eigenen Wagen, einem Alfa Romeo 2000 GT Veloce, mehrfach überfahren. Veloce. Das heißt schnell. Aber auch: flüchtig. Seit einem Jahr sind Schwangerschaftsabbrüche in den ersten zwölf Wochen straffrei. Uneheliche Kinder sind immer noch ein Makel. Auf dem Dorf eine Schande.

Meine Mutter wird in einer Kleinstadt groß. Nicht mehr als 10 000 Einwohner. Ihre Augen sind dunkel und kugelrund. Ich kenne sie nur melancholisch. Doch jetzt, 1975, sind sie offen und neugierig. In ihnen kommt eine neue Welt zum Vorschein. Ihre Welt. Meine Mutter hat eine spitze, feine Nase und einen vollen Mund. Sie summt Al Green: Sha la la la, la la la. And I love you. Sha la la la, la la la. Thinking of you. *Sie ist verliebt. In einen verheirateten Mann, Ende zwanzig. Er ist eine geheime Affäre. Er ist ein Triumph, ein Fang. Er verkörpert all das, was sie sein möchte: frei, schön, mutig, eigensinnig. Er spielt in einer Band. Er führt ein eigenes Geschäft. Er fährt ein schnelles Auto. Er ist liebevoll. Er ist sensibel. Und er betrügt seine Frau, die ein kleines Kind zu Hause hat.*

Ich wusste jahrelang nichts über die Liebesbeziehung meiner Eltern, denn mein Vater, der Mann, in den sich meine Mutter so rasend schnell verliebt hatte, hat für mich achtzehn Jahre lang nicht existiert. Ich wusste einfach nicht, dass es ihn gibt. Er war ein Geheimnis, ein jahreslanges Schweigen, eine Figur, die allen bekannt war. Nur mir nicht. Ich habe versucht, aus all den Geschichten, von denen mir meine Mutter, mein Vater, Familienmitglieder und Freunde erzählt haben, ein Puzzle zu bauen. Ein Puzzle, das mir erklären soll, warum ich ein Leben, das jahrelang ein Geheimnis für mich war, wiederholt habe: Das Leben meiner Eltern. Dass ich entstanden bin, ist sicher kein Zufall. Zumindest erscheint mir die Kette der Ereignisse nicht als Zufall, an der zu Beginn die feste Absicht meiner Mutter stand, meinen Vater kennenzulernen. Damals wollte sie weg von zu Hause. Sie wollte Sportlehrerin werden, aber mein Großvater wollte das nicht. Unterstützung für ihre Träume gab es nicht. Es gab in einer Großfamilie mit sieben Kindern nur die Pflicht, keine Schwierigkeiten zu machen.

Ich weiß von alldem nichts, als ich fünfunddreißig Jahre später den Vater meines Kindes kennenlerne. Ich will bedingungslos lieben. Keine Angst mehr, keine Zweifel mehr. Ich will eine Familie. Es ist Sommer und sehr, sehr heiß. In den ICEs zwischen Berlin und Düsseldorf fällt andauernd die Klimaanlage aus, und ich tippe »Ich wäre jetzt gern bei Dir« ins Telefon. Worauf er antwortet: »Das bist Du doch.« Und er macht so viele leere Absätze unter diesen Satz, dass sie sich wie unsichtbare Ausrufezeichen in mein Gehirn hämmern. Es ist ein Bekenntnis, denke ich. Ein Bekenntnis, dass all das, was jetzt kommt, mit ihm geteilt wird. Ein Bekenntnis, das über die Begegnung dieses einen Abends hinausgeht, ein Bekenntnis zu einer gemeinsamen Zukunft. Ich war lange nicht mehr verliebt. Hatte lange nicht mehr eine ernste Absicht gehabt. Ich führte zumeist Beziehungen, die eine andere Absicht hatten: Sie sollten mir nicht wehtun. Ich drückte mich vor einer Freundin einmal so aus: »Ich war mit Männern zusammen, die mir keine Angst machten.« Keine Angst machen, das hieß: verlässlich sein. Keine Angst machen, das hieß: mir Vertrauen entgegenbringen. Aber war ich denn verlässlich? Konnte ich jemandem Vertrauen entgegenbringen? Das Gefühl blieb. So als ob ich reflektiert genug wäre, es zu erkennen, aber zu schwach, um es zu verändern. Doch genau so war es. Und es gefiel mir. Vor Männern trat ich auf als die, die ich auch als Kind gut sein konnte: die furchtlose rote Zora – eine starke Frauenfigur aus einem Kinderbuch. Eine mutige, eigensinnige Anführerin. Und nun habe ich etwas anderes – zerbrechlicher, offener. Ich erinnere mich: Wir liegen nebeneinander. Es ist hell, ob Vormittag oder Nachmittag, weiß ich nicht mehr, das Licht schwebt weiß durch das Zimmer. Ich spüre die Luft nicht, ich sehe das Licht nicht. Nichts ist von mir getrennt. Alles ist eins. Wir reden nicht.

Ich höre ihn nicht einmal atmen. Unsere Hände berühren sich an ihrer Außenseite, sein kleiner Finger liegt auf meinem Handrücken. Wie lange schon? Er hat alles weggewischt. Ich schrieb ihm später einmal: Du hattest alle Mädchenträume weggewischt. Es ist, als hätte ich das erste Mal das Gefühl, einer Kindheit entschwunden zu sein. Ich habe das erste Mal das Gefühl, richtig zu sein. Nein, ich bin nicht nur endlich eine Frau. Ich bin zum ersten Mal ich selbst. Ich, die immer gesagt hat, heiraten ist mir egal, Kind zur Not auch alleinerziehend, bin plötzlich davon überzeugt, den Mann gefunden zu haben, mit dem ich den Rest meines Lebens verbringen werde. Ich bin besinnungslos verliebt. Niemand kann mir helfen.

Meine Mutter hatte meinen Vater zufällig entdeckt, wie der Erzähler in Erste Liebe *von Iwan Sergejewitsch Turgenew. Die Geschichte, erschienen 1860, beschreibt eine typische schicksalhafte Begegnung zweier Teenager – eine Liebe, die den Protagonisten Wladimir Petrowitsch wie einen Schlag trifft. Petrowitsch ist auf der Krähenjagd durch Nachbargärten, als er der jungen Sinaida das erste Mal begegnet: Er blickt über den Zaun und ist wie versteinert, »so etwas Bezauberndes, Gebieterisches, Liebkosendes, Frohsinniges, Liebliches, dass ich vor Bewunderung fast aufgeschrien hätte. [...] Heftig pochte mir das Herz; ich fühlte mich so beschämt, und doch war mir so froh zumut: ich empfand eine noch nie gekannte Erregung.«[1] Es ist das, was alle Menschen irgendwann einmal erfahren. Dieses Gefühl von Aufregung, einen anderen Menschen entdeckt zu haben. Wie einen Schatz, der etwas verbirgt, das wir noch nicht kennen, aber ahnen.*

Zu Zeiten Turgenews war Liebe reinste Urgewalt. Eine romantische, nicht zu beeinflussende Kraft. Auch meine Mutter wurde getroffen wie vom Schlag. Auch sie wollte meinen Vater unbedingt wiedersehen. War es eine Möglichkeit, dem eigenen Elternhaus zu entkommen? Ein Ausbruch? Eine Form der Revolte? Meine Mutter entschied sich in einem kurzen Augenblick dafür, den konventionellen vorgesehenen Pfad der Hausfrau und Mutter zu verlassen und mit einem verheirateten Mann eine Affäre einzugehen. Morgen fahren wir zum Frühstück nach Paris, hatte er ihr ins Ohr geflüstert. Sie schafften es nicht einmal aus der Provinz. Nichts davon würde meine Mutter stören. Während Turgenews Erzähler Abend für Abend durch die Nachbargärten schlich, um das Mädchen Sinaida Alexandrowna wiederzusehen, schlich meine Mutter durch das Geschäft, um meinen Vater zu entdecken. Da war er, da lief er, da stand er und sprach mit Kunden. Sie wollte alles darum geben, ihn kennenzulernen. Da hatte er – der verheiratete Mann mit einem Kind – sie schon längst entdeckt.

An dem Frühlingstag, an dem er das erste Mal um die Ecke kommt, hinter den Bänken des Cafés hervortritt, direkt aus der Sonne, da erinnert er mich noch an etwas anderes. An etwas Ungelenkes. Angeknacktes. Etwas Jugendhaftes, das ich beschützen will. Der Körper scheint zu groß, um in die Gliedmaßen zu passen. Es hat etwas Kindliches. Und als er neben mir sitzt und die Jeans ganz nah an meine Jeans heranrückt, als sich der Rauch der Zigarette mit dem Geruch des Kaffees vermischt, da ist, weit entfernt, noch etwas in der Luft. In dem Moment, als er mit der Hand der Zigarette nach dem Kaffee greift. Es riecht nach warmer Haut, nach einem milden Parfum, weit entfernt die Seife und der süße Schweiß seiner Haut. Es hat etwas Warmes. Wie der Geruch von Babys. Es riecht nach dem Gegenteil all dessen, was Fremdheit ist. Es riecht nach zu Hause.

Ich glaube, der Mann ist die Liebe meines Lebens. Wie meine Mutter es von meinem Vater geglaubt hat. Ich werde, wie meine Mutter, nach nur wenigen Monaten schwanger. Ein Wunschkind. Wie sie werde ich alle Hoffnungen in diese Beziehung setzen. Um mich dann doch nur in Streitereien zu verlieren. In Lügen. Wie sie werde ich mich kleinmachen. Innerhalb weniger Monate werde ich, die immer ihren Weg gegangen ist, mein Selbstbewusstsein verloren haben. Ich erkenne mich nicht wieder. Meine Beziehung zerbricht. Als ich mein Baby in den Armen halte und daran denke, den Kontakt zum Kindsvater völlig abzubrechen, wird mir plötzlich klar: Ich heule wie Mama. Ich bin wie sie. Ich habe ihre Rolle eingenommen. Ich glaubte zu wissen, wer ich war, aber ich wusste es nicht. In jenem Moment, da ich erkenne, dass sich ein Leben wiederholt, fühlt es sich an wie Schicksal. Ich weiß, dass es Verhaltensmuster gibt, in die wir verfallen. Ich weiß, dass die erste Frau und der erste Mann in der Regel im Leben unsere Eltern sind und unseren Blick auf Männer und Frauen stark prägen. Doch ich weiß auch, dass ich ein selbstständig denkender und handelnder Mensch bin. Ich dachte, ich hätte alles getan, um mir mein eigenes Leben aufzubauen. Ich dachte, ich hätte alles getan, um mir ein schönes Leben aufzubauen. Vermessen zu sagen, aber sogar: ein besseres Leben. Sagt man nicht, dass es die Kinder einmal besser haben sollen? Doch was heißt das? Dennoch denke ich diesen Satz: Ich dachte, ich mache es besser als meine Mutter. Und dann finde ich mich in einer fast identischen Situation wieder. Die kaputte Familie, das ist doch eigentlich immer die andere Familie. Selbstüberschätzung ist eine befreiende und beschämende Art der Wahrnehmung. Plötzlich fällt mein Leben auseinander. Und ich bin gezwungen, mich mit meinem Schicksal auseinanderzusetzen. Ich weiß, dass ich ein Muster wiederholt hatte. So glaube ich zumindest. Und es geht mir nicht gut dabei. Heute, im Rückblick, sehe ich etwas, das ich die letzten Jahre nicht gesehen habe. Dass mir die Geschichte meiner Mutter immer auf den Fersen war.

Schon immer beschäftigt sich die Psychotherapie mit dem Phänomen, dass Menschen Verhaltensweisen wiederholen, die ihnen nicht guttun. Verhaltensweisen, die schaden. Als ob sie das Leben reinszenierten, das sich gegen sie gerichtet hat. Sie verlieben sich in den immer gleichen Typ Mensch, obwohl dieser Mensch nicht gut für sie ist. Und sie wissen, dass diese Beziehung erneut scheitern wird. Sie streiten sich immer wieder über die gleichen Punkte. Da lässt sich jemand auf einen Job ein, der ihn erneut überfordern wird. Oder unterfordern. Wir stürzen uns immer wieder in das alte Problem. Als ob wir unser Unglück bewusst kreierten. Die ständige Wiederholung als ewige Wiederkehr des Gleichen. Das Ergebnis: Egal, was wir tun – wir lernen nicht. Sigmund Freud war einer der Ersten, der dieses Verhalten erkannte. In *Jenseits des Lustprinzips* schreibt er, dass der »Kranke von dem in ihm Verdrängten nicht alles erinnern kann, vielleicht gerade das Wesentliche nicht, und erwirbt so keine Überzeugung von der Richtigkeit der ihm mitgeteilten Konstruktion. Er ist vielmehr genötigt, das Verdrängte als gegenwärtiges Erlebnis zu *wiederholen,* anstatt es, wie der Arzt es lieber sähe, als ein Stück Vergangenheit zu *erinnern.*«[2] Für Freud ist es ein »Wiederholungszwang«. Und für mich? Dies ist die Geschichte eines Einzelfalls. Meines eigenen. Man kann aus der systematischen Forschung nur sehr begrenzt Schlüsse auf Einzelfälle ziehen. Es gibt viele plausible, ja brauchbare Theorien. Einige werden in diesem Buch genannt. Es gibt jedoch kaum empirische Daten, die eine Theorie oder meinen Einzelfall ins Allgemeine überführen. Warum führen wir also die Muster unserer Eltern fort? Den Abgleich zu den eigenen Eltern suchen viele. Warum werden wir wie unsere Eltern? Der britische Journalist James Wood beschreibt im Magazin *New Yorker,* wie er als kleiner Junge die sonntägliche Langeweile aushält, die von seinem Vater ausgeht.[3] Der Zwang der ordentlichen Kleidung, der Kirchgang (»Dann die unendliche Ödnis der Kirche, die gravitätisch-enthusiastischen Erwachsenen ...«), die geschlossenen Läden, insbesondere Plattenläden, die Einsam- und Zähigkeit des ganzen langen Tages. Seine Erinnerungen umfassen das kontemplative Hören des Vaters von klassischer Musik nach dem sonntäglichen Mittagessen: Strauss' Radetzkymarsch oder den Gesang von Dietrich Fischer-Dieskau. Genau diese Musik wirft ihn Jahre später zurück in die Erinnerung, als er selbst, wie sein Vater es oft getan hat, selbstvergessen im Sessel sitzt und der gleichen Musik lauscht: »Manchmal erwische ich mich dabei und denke verlegen: Jetzt hörst du also ein Streichquartett für Beethoven, genau wie dein Vater. Und in dem Moment fühle ich eine Mischung aus Genugtuung und Rebellion.« Wood sagt, wir erinnern und bewahren unsere Eltern, indem wir werden wie sie. Indem wir ihre Eigenarten, ihre Gewohnheiten übernehmen, bewahren wir sie.

WARUM BIN ICH DIE, DIE ICH BIN?

Der Name meiner Mutter ist Karin. Ich habe sie nie so genannt. Es ist ihr Name, nicht meiner. Ein schöner Name, der, wenn ich ihn laut aufsage oder aufschreibe, etwas Zartes, sehr Feminines bekommt. Karin. Wenn ich den Vornamen meiner Mutter laut ausspreche, verändert sich etwas. Nur durch einen Namen öffnet sich der Blick auf eine andere Person. Auf eine Person, die aus ihrer Rolle herausgefallen ist. Frei von Erwartungen. Frei von Urteilen. Einfach nur Karin. Die ersten Erinnerungen an meine Mutter beginnen mit dem Moment, in dem meine Mutter dachte, ich sei tot. Ich hatte einen Puppenwagen geschoben, als kleines vierjähriges Mädchen. Ich war ihr hinterhergelaufen, den grauen Bürgersteig entlang, hinter der Frau her, die ich in dieser Zeit mit einem blauen Mantel erinnere, Schlaghosen, einem spitzen, dünnen Gesicht und schulterlangem, schwarzem Haar. Sie schiebt auch einen Puppenwagen. Einen, der sehr viel größer ist als meiner, in dem mein Bruder liegt, unter einer dicken weißen Decke, wie unter einem viel zu großen Kissen. Wir gehen die Straßen entlang, meine Mutter vorneweg. Es ist nicht mehr weit bis zu unserem Zuhause. Ich kenne den Weg. Ich bin ihn später oft selbst alleine gelaufen. Ich bin ihn oft mit dem Fahrrad gefahren. Der Bürgerstein ist von einem grauen Kantstein gesäumt, ein Stein nach dem anderen hintereinandergesetzt. An manchen Stellen wellen sich die Steine oder sinken hinab. Es sind nur noch wenige Meter, wir müssen auf die andere Seite wechseln. Meine Mutter schaut links und rechts und überquert die Straße. Ich bleibe stehen, warte, bis sie mich ruft. Ich stehe dort, mit meinem Puppenwagen, der so klein ist, dass nur ein kleines Kissen hineinpasst, während meine Mutter auf der anderen Seite meinen Bruder hin- und herwiegt, sie schaut rechts, links, dann sagt sie: Jetzt komm, und ich gehe hinüber, meinen Puppenwagen vorneweg. Dann schaue ich nach rechts. Wie aus dem Nichts rast ein Auto aus der Kurve heran. Es versucht zu bremsen. Als ich in der Mitte der Straße angekommen bin, knallt die Front des Wagens gegen meinen Körper. Ich falle zusammen und liege auf dem Boden. Regungslos. Der Puppenwagen rollt weiter, an dem Auto vorbei, und kippt am Straßenrand um. Die Frau, die den Wagen so schnell über die Straße gelenkt hat, springt panisch aus dem Auto und sieht auf das Kind, das sie gerade überfahren hat. Sie steht vor mir und starrt, wie ich da liege, und sieht meine Mutter an, die sich kaum rühren kann. Sie steht da und starrt erneut meine Mutter an, und dann, dann pinkelt sie sich in die Hose. Erst jetzt erkennt meine Mutter, es ist eine Rechtsanwältin aus der Nachbarschaft. Und während meine Mutter noch überlegt, warum diese Frau, die mehr verdient, als sie jemals verdienen würde, die mehr Bildung genossen hat, als meine Mutter jemals genießen wird, sich in die Hosen macht, schwinden meine Kräfte und in meinem Körper wird es still. Meine Mutter rennt auf mich zu und hebt mich hoch. Ich habe die Augen geschlossen. Später wird sie mir immer wieder erzählen: Ich dachte, du seist tot. Ich hätte dich nicht hochheben dürfen. Wenn nun deine Rippen gebrochen wären. Wenn nun dein Genick gebrochen gewesen wäre. Sie erzählt es so, dass ich denke: Jemand muss ihr nach dem Unfall ein schlechtes Gewissen gemacht haben. Einer Mutter, die zusehen musste, wie ihr Kind angefahren wurde. Dieser Jemand war vielleicht ein Arzt. Oder mein Stiefvater? Oder meine Großeltern? An all das erinnere ich mich nicht. Es ist eine Geschichte jener Ereignisse, die sich an diesem Tag zugetragen haben. Eine Geschichte, die mir meine Mutter erzählt hat. Ich kenne jedes Bild, ich sehe die nasse Hose der Lehrerin. Ich sehe das Auto. Aber ich erinnere mich nicht wirklich daran. Es könnte die Erinnerung an die Erzählung meiner Mutter sein, aus der ich die Bilder genommen habe, um sie mir zu einer Geschichte zusammenzusetzen. Aber an eine Sache erinnere ich mich tatsächlich, wie an einen Traum: Es ist das Bild meiner Großmutter, die gemeinsam mit meiner Mutter im Krankenwagen sitzt. Sie sagen etwas zu mir. Meine Großmutter erzählt mir, wie toll es ist, in einem Krankenwagen zu fahren. Als ob es eine Ehre wäre. Ich sehe sie genau vor mir, sie trägt eine weiße Bluse, sie ist braun gebrannt, sie sieht jung aus und hält lächelnd meine Hand. Dann verblasst das Bild.

In dem Jahr, in dem meine Eltern sich verliebten, erschien im New Yorker Quadrangle Verlag das Buch *Daughters and Mothers. Mothers and Daughters* der US-amerikanischen Schriftstellerin Signe Hammer. Die deutsche Ausgabe trägt einen Zusatz im Titel: *Töchter und Mütter: Über die Schwierigkeiten einer Beziehung.*[4] Schwierigkeiten, das klingt nach

Problemen, nach etwas, das im Weg steht. Nach etwas Unangenehmem. Wieso sollten sich zwei Frauen innerhalb einer Familie unangenehm sein? Ist es der gleichgeschlechtliche Bezug? Ist es Eifersucht, Neid, Missgunst? Auf dem Titel ist eine Illustration zweier blauer Stühle abgebildet, die mit dem Rücken zueinander stehen. Im Einband ein Zitat von Doris Lessing: »Why should it be necessary for a mother to be there like a grindstone at the heart of everything?« Das Buch basiert auf Interviews, die Hammer mit Frauen unterschiedlichen Alters zu deren Beziehung mit ihrer Mutter geführt hat. »Nicht alle Frauen werden Mütter, aber alle sind Töchter, und Töchter haben Mütter«, schreibt Hammer. Sie untersucht dabei nicht nur die Beziehung von Mutter und Tochter, sondern auch die Probleme der Frauen, ihre eigene Identität zu entwickeln.

Die Stühle erinnern mich an ein Seminar, das ich vor einigen Jahren besucht habe. Es war eine spontane Idee, eine Anzeige auf einem Flyer. Doch letztlich wusste ich auch: Ich wollte diese Leerstelle klären, die meine Mutter bei mir hinterlassen hatte. Der Weg zum Seminar war nicht weit, ich setzte mich in mein Auto und fuhr auf der Autobahn Richtung Norden. Der Ort war friedlich, abgelegen und schön. Ein weiß getünchter Bauernhof in Schleswig-Holstein, in der Nähe die Ostsee. Wenn man auf einen Turm steigt, und ja, es gibt hier einen in der Nähe, dann kann man die Ostsee sogar sehen. Ich war wenige Monate zuvor auf den Begriff des Traumas gekommen, den ich für mich jedoch vermeiden wollte, denn er hatte etwas Stärkeres als das, was von einer Schwierigkeit ausging. Er hatte etwas Tiefes, Bedrohliches, wie ein schwarzes Loch. Mit diesem Begriff werden gravierende Verletzungen assoziiert: Folter, Terror, Naturkatastrophen, der Tod eines Angehörigen. Nichts von dem traf auf mich zu. Jedoch können auch weniger dramatische Ereignisse einen Zustand intensiven Stresses und großer Hilflosigkeit auslösen: schwere persönliche Angriffe, Mobbing, Scheidung, Trennung. Mit einer gravierenden Lüge aufzuwachsen, das schien mir nicht gravierend genug zu sein. Im Gegenteil: Sie erschien im Rückblick wie die Auflösung eines Rätsels, von dessen Existenz ich nie gewusst hatte. Sie war eine Befreiung, keine Erschütterung. Dennoch blieb das Gefühl, seelisch erschüttert worden zu sein. Plötzlich, so dachte ich mit Auflösung der Lüge, war ich nicht mehr *naiv*. Die Naivität, die mir im positivsten Sinne alle Freiheit und das Vertrauen gegeben hatte, das Leben unschuldig zu leben – sie war weg. Und dann, Jahre später, saß ich in meiner Wohnung und googelte das Wort Trauma und Traumatherapie. Ich suchte im Internet nach Begriffen wie »Vererbung«, »Prägung« und »Nachahmung«, doch ich fand nur Erzählungen über die Kriegsgeneration statt einer Antwort auf meine Frage, warum ich die bin, die ich bin. Glaubte ich wirklich, eine Antwort auf die Frage im Internet zu finden? Ja, das glaubte ich in diesem Moment tatsächlich.

Nun also Schleswig-Holstein. Ich sitze im Kreis einer Gruppe und blinzele in die Runde. Es ist Sommer, mein Auto steht auf dem Kies vor dem Haus. Im Seminarraum riecht es nach ökologischen Putzmitteln, nach Wachs und Holz. Der Raum ist hell. Zehn, vielleicht fünfzehn Menschen haben sich versammelt. Sie sind alle älter. Alles Mediziner. Psychologen.

Die beiden Seminarleiter, Gestalttherapeuten, kommen aus Kalifornien. Sie tragen knallbunte Regenjacken und lächeln milde. Ich möchte diese Leerstelle aus meinem Leben löschen. Deshalb sitze ich hier. Doch nichts von dem, denke ich, hat mit meiner Mutter zu tun. Ich halte eine gelbe Karteikarte in der Hand, auf der »Ich spiele dein Spiel nicht mehr mit« steht. Ich erzähle den Traum, den ich in der letzten Nacht hatte. Es ging um meine Mutter. Meine Güte, denke ich, kann sie mich nicht *einmal* in Ruhe lassen. Dabei bin ich doch eigentlich ihretwegen hier. Ich sitze auf einem Stuhl und erzähle meinen Traum: Ich und meine Mutter. Sie hat mich im Traum verletzt, mich im Stich gelassen. Der Therapeut nickt und fragt: Was möchtest du deiner Mutter nun sagen? Er stellt einen Stuhl vor meinen. Dort sitzt sie jetzt. Dort stelle ich mir meine Mutter vor. Ich erzähle ihr von dem Traum, dass sie mich verletzt hat. Der Therapeut nickt. Dann sagt er, dass ich mich gegenübersetzen solle, auf den Stuhl, auf dem meine imaginäre Mutter saß. Ich stehe auf und gehe hinüber. Ich setze mich. Jetzt bin ich sie. Mein Körper sackt in sich zusammen. Meine Kehle schnürt sich zu. Ich kann mich nicht wehren. Mir wird schwindelig. Unter Tränen sage ich: Es tut mir leid.

Meine Mutter ist verliebt und hat keine Angst, verletzt zu werden. Alles ist ganz leicht. Ihre Tage werden zu Nächten. Es war eine schöne Zeit, sagt sie. In den Nächten fahren sie zur Bar ihres Bruders, sie ist vierzig Kilometer entfernt. Sie rasen über Landstraßen, die Straße schwarz, die Bäume wie graue dunkle Pfähle. Sie tanzen in der Bar. Sie hören Musik. Die Sorglosigkeit ist überall, sie ist das Lachen meiner Mutter, der Blick meines Vaters, eine kleine Geste, die Anzughose, das Kleid, der Duft der klaren Nacht, die blauen Augen, die braunen Augen, die Händen beieinander. Meine Mutter denkt: Es fühlt sich richtig an. Wenn sie abends in ihrer Wohnung auf ihn wartet, nach einem Tag ohne ihn, was eigentlich jeder Tag ist, denn einen Alltag gibt es nicht, dann klopft ihr Herz. Und heute sagt sie: Ich war eigentlich immer nur auf Abruf, wenn er Zeit hatte. Wenn meine Mutter abends nicht warten konnte, wenn meine Mutter sich mit Freunden traf, mit ihren Geschwistern oder der Familie, dann sagte mein Vater: Warum hast du keine Zeit für mich?

Seit der Nacht in Düsseldorf sind wir ein Paar. Es ist Hochsommer. Ich fahre zu ihm, nach Berlin. Alles ist wie in einem aufregenden Schwindel. Wir fahren mit dem Auto die Karl-Marx-Allee entlang. 22 Uhr, 23 Uhr, 2 Uhr. Das Licht der Straßenlaternen ist gelb, wenn ich aus dem Auto sehe und meine Augen zusammenkneife, werden es Blitze. Wir gehen in Galerien, sitzen vor Bars. Es ist die immer gleiche Szene verliebter Paare: Wir erzählen einander. Wer bist du, wer warst du, wer möchtest du sein? Ich erzähle von der Kraft, die mich trägt. Und von der Melancholie, die mich zieht. Ich bin ein Moll-Mädchen, sage ich. Als ob man sich in diesem Moment beschreiben könnte. Melancholie war das Hintergrundgeräusch, das in mir ein Freiheitsgefühl auslöste. Es war das, was mich vor Sehnsucht zu Tränen rührte. Es waren die Nächte. Und die frühen Morgen. Der Alltag war verschwunden. Ich erzähle ihm: In dich hätte ich mich auch mit fünfzehn verliebt. Oder mit fünfundzwanzig. Was ich damit meinte, ist mir erst später bewusst geworden. Er war mir nah. Aus dem Besuch werden Wochen. Aus den Wochen ein Umzug. 7. Stock, Karl-Marx-Allee. In Berlin beginnen die Tage mit einem hellen Grau, hinter dem sich die Sonne durchschiebt. Hier ist alles Himmel. Die Wohnung, die jetzt auch meine Wohnung ist, verzweigt sich von einem breiten Flur in vier Zimmer. Fischgrätparkett, französische Fenster. Der Prunk, den ehemalige DDR-Größen besaßen. Wenn ich aus dem Haus gehe, fühle ich mich vollkommen vor Glück. Ich, das Moll-Mädchen, das sich nicht fallen lassen konnte, hatte jemanden gefunden, der genau das Gleiche empfand. Und ließ mich fallen. Was hätte ich auch tun können?

Wenn wir uns in einen anderen Menschen verlieben, denken wir nicht daran, dass wir alles mitnehmen. Alles an uns, in uns, jeden Gedanken, jede Synapse, jede Zelle, jede Erinnerung. Es ist sogar noch viel verzwickter, wir glauben, ganz wir selbst zu sein. Aber was heißt das? Auf der einen Seite vollkommen, auf der anderen unvollkommen, voller Unsicherheit, Scham, Angst und Sorge, verletzt zu werden. Liebe kann eine Sehnsucht auslösen, die die Liebe selbst nie zur Gewissheit werden lässt. So wie der Held Hajime in Haruki

Murakamis »Gefährliche Geliebte« immer in der Sehnsucht bleibt, seine erste Liebe Shimamoto wiederzufinden. Hajime, das Einzelkind, sucht nach Shimamoto, dem Einzelkind. Immer wieder taucht Shimamoto in seinem Leben auf, plötzlich, zufällig. Und verschwindet wieder. Er kann sie nicht halten. Als er sieht, dass eine Exfreundin an der sehnsüchtigen Liebe zerbrochen ist, entscheidet er sich, Shimamoto und damit die Sehnsucht nach der Sehnsucht aufzugeben. Murakami schreibt: »In ihrem Gesicht war nichts, was man Ausdruck hätte nennen können. Nein, das trifft es nicht ganz. Ich sollte es so beschreiben: Wie ein Zimmer, das man restlos ausgeräumt hat, war ihr Gesicht von allem entkleidet, was man als ausdrucksvoll hätte bezeichnen können, und nichts war übrig geblieben.«[5] Liebe begleitet uns ein Leben lang. Sie ist eine universelle, existenzielle Erfahrung. Und sie ist unsere große Motivation. Zu lieben und geliebt zu werden, das sind unsere großen Wünsche an das Leben. Kann man diese Liebe lernen? Wenn wir als Baby auf die Welt kommen, brauchen wir nicht nur Nahrung und Pflege der Eltern, sondern auch Liebe und Aufmerksamkeit. Ein Baby, das keine Liebe, keine Aufmerksamkeit und keinen körperlichen Kontakt bekommt, verkümmert geistig und körperlich, ja kann sogar sterben. Liebe setzt voraus, dass wir eine enge Beziehung zu einem anderen Menschen aufbauen können. Zwischen Eltern und Kindern wie auch zwischen einem Liebespaar gibt es diese Nähe, die in vielen anderen Beziehungen außen vor bleibt. Eltern leben uns vor, wie sie Liebe erleben. Meine Eltern, das waren meine Mutter und mein Stiefvater. Ob sie sich jemals geliebt haben? Obwohl ich neunzehn Jahre meines Lebens mit ihnen geteilt habe, kann ich diese Frage nicht beantworten.

Meine Mutter sagt: Ich war am Anfang sehr verliebt. Wir hatten viele Träume, die gleichen Interessen. Wir waren einfach ein gutes Team. Er war jedoch, sagt sie, das Kind seiner Eltern. Gegen den Einfluss konnte ich nichts tun. Ich wollte ihn ändern, ich wollte mit ihm zusammen in die Welt gehen.

Den Verlust, den Murakami literarisch beschreibt, hat die israelische Wissenschaftlerin und Autorin Eva Illouz soziologisch analysiert. Illouz spricht in *Die neue Liebesordnung: Frauen, Männer und Shades of Grey* bei Verliebten von einem Verlust der Souveränität. Das, was in der Epoche der Romantik noch als eine erhabene und unmittelbare Erfahrung einer Leidenschaft empfunden wurde, skizziert Illouz, ist in der heutigen Moderne ein Problem. Illouz schreibt: »Die Integrität des Selbst wird bedroht, weil dieses Selbst seine Autonomie infrage stellt, indem es sich scheinbar dem Willen einer anderen Person beugt.«[6] Und das in einer Zeit, so Illouz weiter, in der Autonomie zu einem zentralen Merkmal des modernen Menschen geworden ist, zu einer Anforderung, die nicht nur in Sphären des Rechts und der Ökonomie eine Rolle spielt, sondern auch im Bereich des psychischen Wohlbefindens. Das selbstbestimmte Leben und die Leidenschaft einer romantischen Beziehung schließen einander aus. Das Idealbild, als Paar durchs Leben zu gehen, wird zu einer ständigen Sisyphusarbeit. Was versprechen wir uns heute von einer Liebesbeziehung? Liebe, Anerkennung, Schutz, Status? Freiheit? Illouz sieht vor allem einen Anspruch auf Gleichheit beider Partner, die, so Illouz, die emotionale Bindung jedoch schwächt. Denn Gleichheit, schreibt die Soziologin, verringert die Abhängigkeit, die Paare jahrhundertelang in vorherigen Gesellschaftssystemen zusammengehalten hat. Es gab klare Geschlechterrollen:

»Die Männer beherrschten die Frauen, was bedeutete, dass sie ihre sexuellen und häuslichen Dienste in Anspruch nahmen und die Frauen im Gegenzug beschützten. Der traditionelle Mann sorgte wirtschaftlich für seine Angehörigen (Frauen und Kinder) und verteidigte sie mit seinem Körper.«[7] Mit einer neuen Gleichheit kam nicht nur die Augenhöhe, sondern auch die Unsicherheit. Denn die Rollen wurden unklar. Und die wechselseitige Abhängigkeit von Beschützer und zu Beschützendem, die laut Illouz »einen emotionalen Klebstoff« erzeugte, verschwand. Warum verlieben wir uns in den einen Menschen und nicht in den anderen? »Man kann es sich nicht aussuchen, in wen man sich verliebt. Mal ist es der Geruch, man findet sein Gegenüber schlau, sexy, mutig. Es wäre ja zu einfach, wenn man sich entscheiden könnte, sich zu verlieben«, sagt ein Psychotherapeut während meiner Gespräche. Der US-amerikanische Therapeut John Bradshaw schreibt: »Eine Partnerwahl ist eine unbewusste Entscheidung.« Sein Buch heißt *Familiengeheimnisse: Warum es sich lohnt, ihnen auf die Spur zu kommen.*[8] Welche unbewusste Entscheidung führte meine Mutter zu meinem Vater? Ein bisschen Rebell sein, anders sein, für etwas einstehen. Das zog meine Mutter an. Es zog mich an. Wenn Töchter sich in ihren Müttern wiedererkennen, erkennen sie sich oft in den Schwächen wieder. Und werden so mit den eigenen Schwächen konfrontiert. Mütter und Töchter haben eine besondere, intensive Beziehung. Sie schwankt zwischen starker Anziehung und ebenso starker Ablehnung. Töchter, die die eigene Mutter im Gesicht sehen, erschrecken sich. Da zeichnen sich die gleiche Härte, Traurigkeit, Unbekümmertheit oder Verzweiflung ab, genauso wie bei der Mutter. Es sind die Gesichtszüge einer gleichen Lebensweise, einer gleichen Haltung. Es ist das eigene Herabsetzen und Zurückstecken in einer Beziehung, damit es ja nicht zum Konflikt kommt. Es ist aber auch die gleiche Dominanz. Es sind die gleichen Lachfalten. Es ist der gleiche Tonfall beim Ermahnen der Kinder, es sind die gleichen Ängste im Alltag. Manchmal sind es Kleinigkeiten, die Töchter aufregen: So wie es die Tochter als Kind geärgert hat, wenn die Mutter die Krankheit des Kindes herunterspielte, ärgert es sie heute, wenn sie das Gleiche als erwachsene Frau zu ihren eigenen Kindern sagt. Die Mutter hat keinen guten Ruf. Mutter sein bringt wenig Anerkennung, jedoch viele Aufgaben mit sich – und das ungeschriebene Gesetz der bedingungslosen Mutterliebe. Die Liebe und die Sehnsucht nach der Mutterliebe prägen. Wir richten unser Verhalten danach aus, wie es am meisten *Sinn* macht, Liebe und Anerkennung zu bekommen. Diese tiefe erste Beziehungserfahrung prägt uns. Wir geben mehr, als uns lieb ist, und stecken eigene Bedürfnisse zurück. Wir erlernen ein Verhaltensmuster. Ein Muster, das uns in den ersten Lebensjahren geholfen hat, doch im späteren Leben vielleicht keinen Sinn mehr macht. So führt das automatische Zurückstecken eigener Bedürfnisse, um geliebt zu werden, im erwachsenen Leben zu Frust und Enttäuschung. »Muster stellen einen inneren Zusammenhang zwischen verschiedenen Aspekten her. Sie existieren im Wahrnehmen, Fühlen, Denken und Handeln, aber auch in den Interaktionen und der Kommunikation zwischen Menschen. Sie beziehen sich auf bestimmte Themen wie Streiten oder Lieben, sie können einfach oder sehr komplex sein. Interaktions-, Konfliktlösungs- oder Kommunikationsmuster in Familien sind bedeutsam, weil sie von den Erwartungen bis zu den Reaktionen auf bestimmte Verhaltensweisen reichen. Um Muster zu verändern, müssen sie zunächst erkannt und in ihrer Bedeutung verstanden werden.«[9] So beschreibt es der Psychologe Wolfgang Hantel-Quitmann. Der Blick auf dieses Muster bleibt oft unmöglich, wenn wir nicht darüber reflektieren. Bevor wir Muster erkennen, sind wir blind. Manchmal braucht es eine elementare Erschütterung, um sich des Musters bewusst zu werden. Gerade Töchter, die sich sozial weit von der Mutter entfernt haben – ein anderes Milieu, ein anderer Bildungsstand –, erschrecken oft, wie verfangen sie in automatisierten Verhaltensweisen sind. Und dann ihrer Mutter wieder ganz nahekommen. Viele Töchter, so auch ich, haben sich ein äußeres freies Leben gestalten können – doch ein wirklich selbstbestimmtes Leben ist erst möglich, wenn die eigene Wahrnehmung das ganze Bild der eigenen Persönlichkeit umfasst. Mit Stärken, Schwächen und Mustern. Signe Hammer schreibt:

»Indem Mütter und Töchter ihre Vorstellungen von sich selbst und voneinander zu ändern beginnen, verändern sie die Gesellschaft.«[10] Was suchte ich? Nach welcher Antwort? Ich hatte noch nicht einmal eine Frage. Ich hatte nur eine Schuldige: meine Mutter. Ich könnte sagen: Meine Mutter genügte mir nicht. Sie genügte mir als Vorbild nicht. Als erwachsene Frau begann ich, meine Mutter herumzukommandieren. Ich zog an ihr. Man stelle sich vor, der Himmel über Friesland scheint noch viel heller, noch viel breiter, noch viel strahlender. Die Wege sind gesäumt von schwerem Grün, es ist Spätsommer, und meine Mutter läuft in Jeans und kurz-

41

ärmeliger Bluse die Treppe zu ihrer Wohnung hinauf. Eins, zwei, drei Schritte. Es ist eine Einzimmerwohnung mit einer offenen Küche, einem Sofa und einem kleinen schmalen Badezimmer. Es ist ihr Reich. Ohne die Blicke des Vaters, ohne die Sorge der Mutter, ohne die Ermahnungen beider Eltern. Ohne den Lärm der Geschwister. Ohne Rücksichtnahme. Sie erinnert sich daran, warum sie sich in meinen Vater verliebt hatte: diese innere Größe, zu allen nett zu sein. Er war immer höflich, erzählt sie. Er war Geschäftsführer, doch mit allen Mitarbeitern, allen Kunden gegenüber war er auf Augenhöhe, er hätte seine Macht nie missbraucht. Ein guter Mensch, sage ich. Ja, na ja, lächelt sie und wiegt den Kopf hin und her. Warst du glücklich?, frage ich. »Ich war immer nur dann glücklich, wenn er für mich Zeit hatte. Und«, erzählt sie weiter, »ich war glücklich, als er mir gesagt hat, dass er sich scheiden lassen will.« Die Beziehung meiner Eltern war keine exklusive Liebe. Sie war ein Geheimnis. Mein Vater war verheiratet. Es war etwas Verbotenes, sagt meine Mutter. Wie lange sie dieses Geheimnis bewahren konnte, wird mir jetzt erst klar.

ZURÜCK ZUM ANFANG VOM ENDE

Wir sitzen nachts vor Restaurants, und es ist so heiß, dass man die Luft kaum spürt. 27 Grad, 28 Grad, und das mitten in der Nacht, sage ich und schaue in die Dunkelheit. Die weiße Tischdecke leuchtet im Schein des Lichts, das aus dem Restaurant dringt, wir trinken, wir essen, wir reden. Ich hätte gerne Kinder, sage ich und lache. Ja, sagt er und lacht auch. Ich hätte gerne drei Kinder. Und ich möchte heiraten, sage ich. Ja, lacht er und sagt: Heiraten! Und er sagt: Am Nordpol, ganz allein. Er hält meine Hand, lächelt, zieht an der Zigarette. Alles still. Ich blicke in das Restaurant, in dem der Kellner im weißen Licht steht, er wischt sich den Schweiß von der Stirn. Als sich unsere Blicke treffen, zwinkert er mir zu. Und trotz der tiefen Gefühle, trotz all der Verwirrung der Verliebtheit ist mir in diesem Moment klar, dass es ein Spiel ist. Ein Spiel zu sagen: Sei meine Frau. Ein Spiel zu sagen: Lass uns heiraten. Ein Wagnis, ein Sich-Trauen, um dieses Gefühl zu bekommen, etwas ganz Großes in den Händen zu halten. Alles ist plötzlich möglich. Tagsüber laufen wir im Park Sanssouci herum und erzählen, wen wir zuvor geliebt haben, wen wir nie lieben könnten und was wir immer vermisst haben. Er nimmt meine Hand, ich achte auf meine Schritte, bis sie sich seinen angepasst haben. Im Rückblick einer gescheiterten Liebesbeziehung läuft die Zeit mit der ersten Begegnung ab. Wenn ich mich an diesen Moment zurückerinnere, dann suche ich nach den Irritationen, die ich nicht sehen wollte. Ich ignorierte alles, was mich störte. Es gibt die offensichtlichen Merkmale: die fehlenden Antworten, die Pausen, das viel zu laute Lachen (meines, seins). Und es gibt die feinen Nuancen, die wir erst nicht einmal wahrnehmen, an die wir uns nur später erinnern können: diese eine Sekunde zwischen dem Lächeln, dieses Innehalten, diese eine Sekunde, in der wir nicht wissen, was zu tun, was zu sagen ist. Als ob es da einen Zwischenraum gibt. In dem Moment, in dem ich mich so selbstbestimmt, so frei, so ganz fühle, beginne ich, mich zu verlieren. Aber wir tanzen. Wir leben nachts. Und am nächsten Tag ist alles noch gleißender. Ich öffne die Haustür, Fahrstuhl, sieben Stockwerke, Blick in den Spiegel. Roter Lippenstift. Auf der Straße goldgelbes Licht, acht Uhr morgens, Sommer. Die Karl-Marx-Allee strahlt. Auf das Rennrad, die Luft an meinen Beinen. Bis zum Café sind es nur wenige Meter. »Du warst so glücklich«, erzählt mir ein Freund später. Der französische Soziologe Jean-Claude Kaufmann schreibt in *Der Morgen danach*:

»Genau im Moment des Erwachens erlebt deshalb jeder einen Moment der identitären Schwebe, und es geht dann darum, die Anhaltspunkte für seine gewohnte Persönlichkeit so schnell wie möglich zu rekonstruieren. Die ersten Sekunden nach dem Aufwachen sind deshalb gekennzeichnet von einer intensiven mentalen Aktivität, die darin besteht, den roten Faden der Existenz wieder aufzunehmen, die biografische Geschichte dort fortzuführen, wo sie am Abend zuvor abgerissen war.«[11] Mein Faden war nicht abgerissen, meine Geschichte sollte erst beginnen. Alles an mir in diesem Moment, in meinem Spiegelbild schien makellos. Ich strich die feinen offenen Haare aus meinem Gesicht. Ich hatte jetzt in dieser Sekunde alles erreicht, um glücklich zu sein. In dem Koordinatensystem, in dem der Pfeil des Lebens in die Höhe und unten der Pfeil des Glücks nach rechts wächst, befand ich mich ganz oben, ganz weit rechts. Alles ist richtig. Ich denke: So muss es sich anfühlen, wenn es Liebe ist.

Ich bin in den 1980er-Jahren aufgewachsen, der Zweite Weltkrieg war erst vierzig Jahre vorbei, und unsere Mütter erzählten von abgestürzten Flugzeugen in schwarzen Badeseen, von denen schon ihre Mütter erzählt hatten, wie von einem

Monster, in dem wir uns verfangen würden, mit einem Bein in den Abgrund gezogen. Sie erzählten von Männern mit traurigen Gesichtern in Sonntagsanzügen, die sich auf Dachböden erhängten und für immer als gesichtslose Erscheinung blieben. Und als Angst davor, den eigenen Dachboden zu betreten. Wer könnte hier gewesen sein, ohne dass ich es wusste? Die Geschichten meiner Kindheit blieben eine Beflügelung der eigenen Fantasie, sie blieben oft als Ahnung, manchmal als Vorsehung, sehr oft als Rätsel. Der Mann von Luise hat sich doch erhängt, weißt du noch?, dachte ich, als ich mit meiner Mutter an dem Haus vorbeifuhr, in dem ich meine Teenagerjahre verbracht hatte. Es war nicht das Haus meiner Kindheit. Das war ein Haus am Stadtrand, vor dem Fenster die weiten Wiesen, darauf Kühe, morgens im Dunst. Ich konnte sie sehen, wenn ich mich auf meine Fensterbank stellte und nach oben streckte. Doch dieses Haus war unser Haus gewesen. Und davor war es das Haus meiner Großeltern. Großeltern, die gar nicht meine waren. Die eine Geschichte hatten, mit der ich nicht verwandt war. Mein Großvater war hager und dunkel, er kam aus der Nähe von Königsberg und hatte in Stalingrad gekämpft. Er hatte eine Narbe am Kinn. Meine Großmutter kam aus Schlesien, sie arbeitete vor dem Krieg als Krankenschwester, und als junges Mädchen lachte sie von einem Foto, blond und schön. Jetzt war sie oft traurig und saß in einem Haus voller Küchengeräte, die blitzten. Mit Schubladen voller Schmuck. Mit weichen Teppichen und großen Esstischen, an denen sie jedes Wochenende auftischte. Jeden Sonntag saßen wir dort zusammen, mit der ganzen Familie. Zwischen Salaten, Fleisch, Kartoffeln und Klößen. An einem Nachmittag, als ich und mein Bruder bei meinen Großeltern in der Küche zusammensaßen und meinem Großvater beim Zigarettendrehen zuschauten, da sah er unsere Blicke, die auf sein Kinn zeigten, und wir fragten: Was ist denn das? Ich weiß noch, dass er meine Hand nahm und ich lachte und mich wehrte, so wie es Kinder tun, die sich zwischen Angst und Neugier nicht entscheiden können. Dann sagte er: Fühl mal. Und ich fühlte einen Punkt unter seiner Haut, der sich hin und her bewegte. Granatsplitter, sagte er dann. Meinen Freund neben mir hat es zerfetzt. Ich habe zum Glück nur den Splitter abbekommen.

Ich wusste nicht, was es bedeutete, dass ein Freund neben ihm zerfetzt wurde, wie er es nannte. Ich wusste nichts vom Krieg. Ich war acht Jahre alt und saß im Schutz der Küche meiner Großeltern und hatte ein Geheimnis gelüftet. Mein Großvater war eine Erscheinung. Wenn er aus dem Haus ging, zumeist ohne seine Frau, dann trug er eine Anzughose, ein leichtes Hemd, darüber einen Pullover und darüber einen langen eleganten Wollmantel aus Kamelhaar. Er hatte einen klassischen Kragen und ging ihm bis weit übers Knie. Auf seinem Kopf thronte ein Hut, und an seine Hände schmiegten sich lederne Handschuhe. Seine Haut war braun und gegerbt, seine Haare schwarz, seine Augen dunkelbraun, fast schwarz. Sein Bart, ein dichter Schnauzer, und seine hohen Wangenknochen machten ihn zu einem Fremden. Wenn man ihm ins Gesicht sah, sah man den Osten. Und noch etwas: Man sah seinen Stolz und man sah seinen Schmerz. Er kniff die Augen zusammen. Er atmete zu schnell. Er zog die Mundwinkel herunter, um sie dann in einem kurzen Moment wieder hochzuziehen. Er hatte etwas Geheimnisvolles an sich.

Diese Lust an der eigenen Präsenz, die ganze Erscheinung und eine Art von Distanz sehe ich auch in meinem eigenen Vater. Und ich sehe sie an dem Vater meines Sohnes. »Es ist so«, sagte mir mein Vater einmal, als wir allein in seiner Küche saßen, »obwohl ich tolle Freunde habe und eine Frau, tief in mir bin ich doch immer allein.« Mein Großvater, das habe ich erst später erfahren, mochte meine Mutter nicht. Und liebte mich. Obwohl er wusste, dass ich nicht seine leibliche Enkelin war. Oder vielleicht gerade deshalb? Er hat Tagebuch geschrieben, akribisch jeden Tag. Und in diesem Tagebuch verhöhnte er meine Mutter. Sie war nicht gut genug für seinen Sohn. Sie war nicht gut genug für ihn. Meine Mutter erinnert sich: Unsortierte Wäsche auf dem Bett kommentierte er mit spitzen Bemerkungen oder einer hochgezogenen Augenbraue. Im Tagebuch schrieb er: Schlampe. Ich aber durfte in seiner Werkstatt die Kisten mit sorgfältig sortiertem Werkzeug benutzen, ich schlief als Kleinkind im Hundekorb des kleinen schwarzen Hundes Blacky, seinem Mischling, der mich mit Knurren verteidigte, wenn sich jemand dem Korb näherte. Mein Stiefvater und sein Bruder machten sich jedes Mal einen Spaß daraus: Sie schlichen sich an wie Diebe, bis der Hund wild kläffte und sie lachend davonliefen. Dass die Liebe zu mir einen besonderen Grund hatte, wurde mir erst vor ein paar Jahren klar. Mein Großvater war ein uneheliches Kind. Wie ich. Niemand sprach darüber. Er starb bereits mit dreiundsechzig Jahren an Krebs. Als er in das Krankenhaus kam, war es Weihnachten. In der Silvesternacht lief ich am Krankenhaus vorbei – in meinen Gedanken redete ich mit ihm. Als er dann starb, sah ich meinen Stiefvater das erste Mal weinen. Als meine Großmutter nach dem Tod ihres Mannes in ihrer Küche sitzt, wie ein Mädchen, klein, aber mit einem offenen Gesicht, da sagt sie zu meiner Mutter: »Endlich ist es vorbei.«

Als wir damals das Haus meiner Großmutter verlassen, das jetzt leer und groß hinter uns steht, sitzt meine Mutter am Steuer und lenkt den Wagen, während wir Kinder hinten sitzen, still und ruhig. Weil wir uns nicht trauen, etwas zu sagen. Und weil wir nicht wüssten, was. Meine Mutter sagt nichts, das Radio summt leise, aber ich höre sie dann und wann die Nase hochziehen, und im Rückspiegel kann ich erkennen, dass sie weint. Mein Stiefvater ist nicht dabei. Er sitzt in seinem Büro, hinter der großen Halle, in der sie Schiffe einfahren, in der ein Gabelstapler steht, viel zu viele Schrauben in kleinen und großen Kisten liegen und es nach Motoröl riecht. Er sitzt dort seinen zwei Kollegen gegenüber, und hinter ihm, durch eine Glasscheibe getrennt, stehen der Schreibtisch und der große schwere Stuhl seines Chefs. Es ist nicht weit bis dahin, nur zwei Schritte, und es wird nicht lange dauern, bis er mit ihm zusammen dort sitzt, in einer größeren Halle mit einem Dock, das Schiffe fassen kann, die mehr als fünfzehn Meter hoch sind. Es riecht nach Filterkaffee, nach Rauch, es gibt schwere Rollschränke, vor dem Eingang des Büros stehen zwei Faxgeräte. Manchmal gibt es Kästen mit altem Papier, die wir als Kinder mitnehmen dürfen. Mein Bruder fährt auf dem Gabelstapler mit, und wir sitzen oft draußen hinter dem Steinwall des Firmengeländes am Meer und warten darauf, dass mein Vater nach Hause gehen kann. Einmal fällt mir mein Schuh vom Fuß, ein kleiner roter Mokassin, und mein Bruder fischt ihn aus den Wellen, die ihn erst ins Meer und dann wieder zurücktragen. Wir schütten das Wasser aus dem Schuh und lassen ihn in der Sonne trocknen, bis meine Mutter vom oberen Bürgersteig her ruft, kommt, wir wollen los, und dann sitzen wir hinten in einem grünen Ford, und meine Mutter fährt los, schnell und wendig, mit ihren kurzen Haaren, einer großen, modischen Brille, ein grau-blauer Pullunder über ihrem weißen T-Shirt, mein Stiefvater neben ihr, sie reden, und heute denke ich, dass es eine glückliche Zeit war, auch wenn ich weiß, dass sie nur von kurzer Dauer war. Die Jahre zuvor, in der meine Mutter in ihrem Elternhaus am Fenster stand und wartete, bis am Ende der Straße ein Wagen hielt und das Licht kurz aufblendete – um dann hinunterzurennen, die Haustür zu öffnen und dann, in langsameren Schritten, auf den Wagen zuzugehen, um darin zu verschwinden –, diese Jahre zuvor waren geprägt von einer Familie, der Familie meiner Mutter, die sich wie ein großes Band um mich schloss. Du gehörst jetzt dazu, hatten sie zu mir gesagt, da war ich noch ein Baby und lag in meinem Kinderwagen oder saß auf einem Schoß oder hielt mich auf meinem Dreirad fest, doch ja: Ich gehörte jetzt dazu. In den ersten Jahren ging ich oft zu meinen Großeltern. Ich saß an ihrem Esstisch, ich hörte ihnen zu und sah meinen Großmüttern dabei zu, wie sie das Essen kochten. Im Garten hockte ich bei den einen Großeltern meines Stiefvaters neben meiner Bohnenpflanze, während mein Großvater mir zeigte, wie ich die Tauben mit einem Luftgewehr verjagen konnte. Im anderen Garten saß ich an der gedeckten Teetafel und knibbelte mit meinen Fingern die schokoladenbraunen Kugeln der Plastikdecke auseinander, während meine Großmutter Tee mit viel Sahne einschenkte und mir ein Stück Kuchen gab. Auf dieser Seite spürte ich Zugehörigkeit. Ich spürte die Unbeschwertheit.

DAS LEBEN IST IMMER GRÖSSER, ALS MAN DENKT

Berlin verkleinert sich zu einer Wohnung, die grauen Vorhänge, die großen Fenster, das Fischgrätparkett, die einfache Küche und das gleißende Sonnenlicht durch das Küchenfenster. Die alten vertrauten Straßen, dort, wo ich vor wenigen Jahren noch gewohnt habe, scheinen weit weg. Die Wohnung in Hamburg mit meinem Bett, meinem Klavier, meinen Kleidern, meinen Kisten, Aufzeichnungen, der Küche mit dem Fensterplatz, an dem morgens die Amsel saß und im Frühling die Elstern Nester ausraubten: alles verschwunden. Wie ausgeknipst, denke ich jetzt, doch es war kein Gedanke, den ich damals hatte. In Berlin war doch das Glück. Morgens trinken wir Kaffee aus weißen Tassen, wir frühstücken in Cafés, er raucht Zigaretten aus dem geöffneten Fenster heraus. Die Zeit hat keine Bedeutung. Es ist das, was passiert, was Bedeutung erlangt. Ich schreibe für Zeitungen, er stellt aus. Wenn ich um mich herumschaue, auf dem Küchentisch die Zeitungen (SZ, Neue Zürcher, International Herald Tribune), obenauf die vielen Bücher, die Reisen, der Vertrag mit der Literaturagentur, die Stadt im Hintergrund, dann ist es das, was ich immer wollte. Doch die Wahrheit ist: Man nimmt das Leben nur in Auszügen wahr und man wünscht sich doch nur Auszüge. Das Leben ist immer größer, als man denkt. Die Blicke sind immer da. Er zu mir, ich zu ihm. Wenn er aus dem Fenster sieht, schaue ich seinem Blick nach. Wenn wir Freunde treffen, sticht mich sein Blick. Ich kaufe Blumen. Ich räume den Müll aus der Küche weg. Ich lege meine Zahnbürste und meine Wimperntusche neben seine Zahnbürste. Zu Weihnachten schenkt er mir eine Sammlung von Fotos aus der Wohnung: der Blick aus dem Schlafzimmerfenster auf die dürren, blattlosen Linden im Schnee, unser gemeinsames leeres Bett, meine Tassen in seiner Spülmaschine, mein Kerzenhalter auf seinem Tisch, die Notenblätter auf meinem Klavier in seiner Wohnung, mein Parfum im Badezimmer, meine gestapelten Bücher auf dem Fußboden.

Doch je näher ich ihm komme, desto weiter entfernen wir uns voneinander. Das Alltägliche wird zu etwas Besonderem. Gemeinsame Rituale stehen plötzlich auf dem Prüfstand. Wir könnten miteinander frühstücken, wir könnten auch nicht. Wir könnten miteinander reden oder auch nicht. Wir könnten uns an den Händen halten oder uns nicht mehr anschauen. Anrufe von meinen Freunden werden mit hochgezogenen Augenbrauen notiert. Und dann liegen wir auf dem Bett und ich frage etwas. Da dreht er sich weg, steht auf und sagt: Ich habe keine Lust, etwas zu machen. Es ist etwas Verächtliches in seinem Tonfall. Und in dem Moment, in dem er es ausspricht, knallt eine Distanz aus dem Nichts herunter. Er geht aus dem Zimmer. Ich bleibe auf dem Bett liegen und starre an die Vorhänge. Ich habe etwas gemurmelt, jedoch nichts gesagt. Seit diesem Moment schaue ich noch genauer, wo sein Blick hingeht. Ich sehe noch genauer, wo ich hinsehe, was ich sage. In Cafés fühle ich mich unwohl. Ich drehe mich herum und sehe die Leute an. Sehen die uns an?

In den ersten Wochen des Verliebtseins meinen wir, unantastbar, unangreifbar zu sein. So vieles verschwindet in einem mysteriösen Nichts. Das Schweigen nach einem Streit. Das Aneinandervorbeisehen. Die Wutanfälle, in denen ich meine Sachen packe und das Haus verlasse. Ich gehe! Ich fahre! Das war es jetzt! Und dann steht der schwarze Polo meines besten Freundes vor dem Haus und ich sehe den Blinker, sehe, dass er einparken möchte, während hinter mir die Tür aufgeht: Bleib bitte. Dann beginnt es wieder von vorne. Und wir sitzen gegenüber der Wohnung vor einer kleinen Galerie, in der sie jetzt Kaffee verkaufen. Wir halten uns an den Händen und sind wieder still. Du bist eine junge Seele, sagt er. Du bist noch so offen, so frei. Ich, ich bin eine alte Seele, und er sagt es so, als ob er alles verloren hätte. Er zieht an seiner Zigarette und sieht mit zusammengekniffenen Augen in die Sonne. Er ist ein Triumph, ein Fang. Er verkörpert all das, was ich sein möchte: frei, schön, mutig, eigensinnig. Ich sehe in den Himmel hinauf und schließe für einen kurzen Moment die Augen. Es ist fast still, nur leise Musik kommt aus einem der Fenster.

Bevor alles begann, veränderte sich alles. Ich hatte meinen Job gekündigt. Ich wusste, so wie man etwas weiß, wenn man es tief im Inneren spürt, dass etwas Neues passiert. Meine Tante lag im Sterben, und selbst unter ihrer dünnen Haut, in dem weißen Bett, in dem sie zu Hause sterben sollte, dachte sie jetzt an andere, dachte sie an mich. Warte nicht darauf, dir deine Träume zu erfüllen, sagte sie. Ich besuchte sie, sooft ich konnte – und als ich erneut die Treppe hinunterging, um in meinen Wagen zu steigen, um die Strecke zurück nach Hamburg zu fahren, blickte ich noch einmal zurück. Sie erwiderte meinen Blick. Wir sahen uns durch das Treppengeländer an. In meinem Kopf hallte es nach: Erfülle dir deine Träume, warte nicht. Das war das Letzte, was sie mir jemals sagen sollte. Erfülle dir deine Träume. Ich wollte sie nicht nur mir, sondern auch ihr erfüllen.

Ich hatte meiner Mutter kurz zuvor einen Brief geschrieben. Es war eine Anklage. Kontakt hatten wir seit Monaten nicht. Dass sie anwesend war, in meinen Gedanken. So lese ich in den Tagebuchaufzeichnungen aus der Zeit: Ich beschreibe sie als die Person, die »immer nur von mir enttäuscht ist oder mich nicht versteht. Und mein Leben ruiniert.« Ich verurteile meine Mutter wortwörtlich für den Ruin meines Lebens. Für welchen Ruin? Dass ich selbst zu dem Zeitpunkt Mutter wurde, als ich mich in einem Beziehungsmuster verfangen hatte, das mich tief hinunterzog. Wohin? Ich schreibe *tief verfangen*. In was? Es ging mir nicht gut. Ich saß im Auto, stand an der Ampel, mit heruntergelassenem Fenster, beide Hände lagen auf dem Lenkrad. Wenn ich im falschen Moment rausschaute, sah ich das, was ich gerade im Leben verpasste: Paare, Menschen, die sich liebten. Wie ich es hasste, allein zu sein. Ich wollte keine ungeplant einsamen Wochenenden mehr, und ich wollte nicht mehr planen. Dabei war es nur ein Wochenende. Doch genau diese Lücke in der Abfolge stetiger Sicherheit warf mich jedes Mal wieder aus der Bahn. Nun saß ich da, in einem Kleinwagen mitten in der Stadt, und begaffte ein Pärchen. Ich wollte, dass das Glück zu mir kommt. Und ich hatte alles vorbereitet. Ich war frei, hatte meinen Job gekündigt und saß Tag für Tag vor meinem Klavier und dachte: So muss es klingen, wenn es richtig ist. Doch es klang nicht richtig.

Das Geburtshaus meiner Mutter steht seit mehr als hundert Jahren in einer schmalen Straße mit Kopfsteinpflaster. Das Haus ihrer Kindheit steht unweit davon, seit fünfzig Jahren in einer Seitenstraße nahe der städtischen Schule. Es ist ein weiß verputzter Klinker mit großem Garten, ein typisches Einfamilienhaus der Fünfzigerjahre. In der Zeit, als meine Großeltern das Haus bauten, waren sie auf sich gestellt. Der Großvater – ein Flüchtling aus Schlesien – genügte der Familie nicht. Die Mutter meiner Großmutter hatte zur Hochzeit der beiden gesagt: »Von mir braucht ihr keine Hilfe zu erwarten. Ihr wollt das so, dann macht das so.« Und damit war das Thema erledigt. Und zwischen Mutter und Tochter herrschte Distanz. Meine Großmutter wurde von der Mutter auf der eigenen Hochzeit abgekanzelt. Der Druck auf meinen Großvater war groß. Er, der seine Familie und Heimat hinter sich gelassen und im Krieg gekämpft hatte, musste es nun allen beweisen. Oft hatte er seiner Familie und den Schwiegeltern etwas mitgebracht: Fleisch oder eine Extraportion Brot. Dinge, die kurz nach dem Krieg rar und wertvoll waren. Dass er dieses Haus baute und noch so viele Kinder in die Welt setzte, sagt meine Mutter heute, das war schon beeindruckend. Ein Teil des Gartens des Hauses diente bis vor wenigen Jahren als Gemüsebeet, das mit der Zeit immer mehr von wilden Blumen durchwuchert wurde: Malven, Nelken, Ackerglockenblume, Herbstzeitlose. Seit Kurzem ist es ihr Haus. Nach dem Tod meiner Großeltern wurde es allen Kindern vererbt – meine Mutter kaufte es. Es kam ihr wie eine plötzliche Absicht vor, sie musste, sie wollte dieses Haus haben. Es ist auch das Haus meiner Kindheit, meiner Abendessen in einer großen Familie mit den anderen sechs Tanten und Onkeln, meinen Cousins und Cousinen, der Nachmittagstees mit meiner Mutter, Tanten, meinen Großeltern. Als meine Mutter hier noch ein Jugendzimmer hatte, hing ein Starschnitt aus der Bravo an der Wand: David Cassidy, der Teeniestar und Sänger der Partridge Family aus der gleichnamigen Serie. Wenn ich meine Mutter nach ihren Vorbildern aus dieser Zeit frage, fällt ihr sofort David Cassidy ein. Aber ist er ein Vorbild? Für einen kurzen Moment stelle ich mir vor, wie meine Mutter den Gitarrenkoffer einpackt und die Männer kreischend hinter ihr herrennen. Es würde Starschnitte von ihr geben. Dann sehe ich das Foto meines Vaters vor mir, wie er mit der Gitarre auf der Bühne steht. Nein, es gab keine Starschnitte von ihm. Aber CDs. Bühnenfotos. Er war ihr Idol. Und natürlich ein Schwarm. Auf dem Starschnitt trägt er einen rosafarbenen Satinanzug mit großem Kragen, auf den Ärmeln der Jacke sind grüne und gelbe Kreise aufgestickt, wie kleine Zielscheiben. Auf den Hosenbeinen stehen rote Flammen, die aus seinen Schuhen aufzusteigen scheinen. Er trägt goldene Schuhe und spielt E-Gitarre, der Oberkörper lehnt nach vorne, er geht leicht in die Knie. Sein Blick ist vertieft, der Mund leicht geöffnet. Dichte Augenbrauen, blaue Augen. Die Haare so, wie sie 1975 modern waren: gestuft, langer Pony und Haare, die nach hinten länger wachsen. Und plötzlich ist es alles, was mich an meinen Vater erinnert. Mein Vater, der in den Siebzigerjahren mit einer Gitarre auf der Bühne stand und Musik machte, groß und schlaksig, selbstsicher und begehrenswert. Und voller Eigensinn. Er hätte den rosa Anzug getragen. Er hätte die goldenen Schuhe angezogen. Doch was macht mich so sicher? Wenn ich meinen Vater sehe, sehe ich das Eigensinnige.

Es ist das, was ich in mir selbst spüre. Ich erinnere mich an ein Buch, ein *Kursbuch,* das ich als Achtzehnjährige auf einem Bücherflohmarkt der Uni gekauft hatte. Es ging um Dandys. Um Außenseiter. Um alles Expressive. Es hatte einen lila Einband und die Typografie des Covers war sehr reduziert, zwei Zeilen, kaum Vorspann. Der Kauf hatte, wie viele Käufe es haben, etwas Verheißendes. Als ob ein Teil dessen, was im Buch stand, auf mich abfärben würde. Jedoch erinnere ich mich nicht mehr an den Titel. Ich suche im Internet, google mehrere Male den Begriff »Kursbuch«. Der Titel fällt mir nicht ein. Er hatte etwas Zentrisches in sich, da im Vorwort der Begriff des Zentrums und der Außenseite beschrieben wurde. Aber was war es? Auf der Suche nach dem Titel denke ich wieder an die goldenen Schuhe. In meiner Vorstellung sehe ich meinen Vater vor mir, achtundzwanzig Jahre, weißes Hemd, schwarze Hose, lockerer Gang, die Hände vielleicht in die Hosentaschen gesteckt. Ich habe die goldenen Schuhe für ihn in einen Karton gelegt, es liegt Seidenpapier obenauf, und wenn er ihn öffnet, so wünsche ich es mir, wird er langsam das Seidenpapier zur Seite ziehen und das Gold des Leders sehen. Doch er kommt nur auf mich zu, er lächelt nicht. Er öffnet den Karton nicht, er hält ihn in der Hand, dreht ihn hin und her. Ich möchte sagen, nein, nicht drehen, die Schuhe fallen heraus! Aber da fällt mir ein, dass ich nicht sagen möchte, dass dort Schuhe drin sind. Es ist doch eine Überraschung. Aber es kommt kein Ton raus. Aus meinem Mund kommt kein Ton raus. Und er dreht und schüttelt, und plötzlich fallen beide Schuhe auf den Boden. Er schaut erst die Schuhe, dann mich an. Es ist etwas Abschätziges in seinem Blick. Er sagt etwas, aber ich kann ihn nicht verstehen. Abschätzig. Das Wort, mein eigenes Wort, bleibt hängen. Abschätzig. Abfällig. Absprechend. Biestig. Diffamierend. Geringschätzig. Gönnerhaft. Gnädig. Herablassend. Missbilligend. Verachtungsvoll. Von oben herab. Assoziationen des Wortes sind: Anmaßend. Arrogant. Arroganz. Egozentrik. Egozentrik! Das war der Titel des Kursbuches. Mein Vater hätte die Schuhe nicht weggeschmissen. Aber dennoch bleibt die Vorstellung einer Unberechenbarkeit. Das Buch war lange vergessen, doch jetzt sehe ich den Titel deutlich vor mir.

Wir sind nach Wien gereist. Ich begleite ihn zu einer Ausstellung. Und weil wir in Wien sind, schreibe ich ihm einen Text zur Ausstellungseröffnung, der mit den Worten des Österreichers und Wienhassers Thomas Bernhard beginnt: »Der Künstler kauft sich eine Hose und geht mit mir essen.« Ich schreibe Zeile um Zeile, und er sagt, das nehmen wir, und dann zeigt er es seiner Galeristin und sagt: Ich brauche deinen Text nicht, wir haben einen. Aber es ist albern, denke ich und möchte abwinken, doch ich sage nichts, weil es mich freut. Wir gehen durch die Ausstellung, und ich sage, schieb das doch höher, nimm das doch raus, und er sagt: Natürlich! Und zieht eine Skulptur in die Höhe, die Mitarbeiter helfen, und ich stelle mich in die Mitte des Raumes, meine Hand an die Stirn gelegt, um besser sehen zu können. Tagsüber laufe ich durch die Straßen, ich fotografiere mich in der U-Bahn in einem Spiegel, in dessen Mitte eine rote Zahl tickt: 13 400 Verliebte in Wien. Und die Zahl tickt und läuft weiter. Ich zeige ihm das Foto später, wortlos, und er lächelt. Am späten Nachmittag geht er noch einmal zu einem Treffen, wie er sagt, und erzählt später, er habe eine Sammlerin getroffen. Er hatte mir nicht erzählt, dass er eine Sammlerin treffen würde. Er erzählte es im Nachhinein. Beiläufig. Aber ausschließend. Ich war nicht eingeweiht. Warum sagt er mir es nicht? Am Abend ziehe ich mir mein schwarzes Kleid an, Wien wirkt wie Salzburg, die Gassen enger, das Licht der Laternen gelber, die Gäste der Ausstellung kommen in den Hinterhof und laufen die Treppe zur Galerie hoch. Ich bleibe vor der Tür stehen und halte mein Glas fest. Geh nur, sage ich, und er geht hinein. Am späten Abend schließt er beide Arme um mich, legt seinen Kopf auf meine Schulter. Jetzt ist alles richtig. Am nächsten Morgen bin ich die Erste beim Frühstück in unserem Hotel. Am Tisch neben mir sitzt ein Mann mit nacktem Oberkörper unter dem Blazer am Frühstückstisch. Er sitzt da breitschultrig und breitbeinig wie ein Bulle und klopft sein Frühstücksei auf. Um seinen Hals baumelt eine Kette, er wirkt müde und konzentriert, die Schale am richtigen Ort zu treffen. Er wirkt versoffen und unnahbar. Ich mag ihn. Denn er scheißt drauf, wie er aussieht. Er scheißt drauf, dass ich ihn ansehe. Am Tisch neben ihm sitzt eine sehr viel jüngere Frau – seine Tochter? seine Freundin? –, die ihn anstarrt und die Mundwinkel herunterzieht. Der Bulle bestreicht sich einen Toast, ich schenke mir Kaffee ein und glotze. Dann schnauzt ihn die Frau an. Ich versuche, die Sprache zu entziffern. Ist es russisch? Seine Miene verzieht sich nicht, als er antwortet. Er schaut weiter auf sein Ei. Seine Stimme ist rau, aber herzlich. Er bestreicht weiter seinen Toast. Die Frau grunzt etwas in sich hinein und steht auf. Ich suche mir eine Zeitung und beginne zu lesen. Ich tippe auf Tochter.

WER IST MEIN VATER?

Von meinem leiblichen Vater wusste ich lange nichts. Achtzehn Jahre lang glaubte ich, dass ein anderer Mann mein Vater sei. Ein Mann, der kleiner ist als ich. Der im Vergleich zu mir – helle Haut und blauäugig – dunkle Augen und dunkles Haar hat wie meine Mutter. Die Großelterngeneration muss sich bei mir durchgesetzt habe, dachte ich oft und schaute in ihre blassen alten Augen. Meine Beziehung zu meiner Mutter beginnt mit dieser Lüge. Sie blieb so lange unentdeckt. Auch die Geburtsurkunde, mit meinen eingetragenen leiblichen Eltern, lag versteckt in einer blauen Kiste, ganz hinten in einer Kommode, die wir jahrelang mitschleppten. Von der Wohnung ins Haus, von Zimmer zu Zimmer. Die Wahrheit über meinen Vater erfahre ich genauso unerwartet wie plötzlich. Es ist das Jahr 1994. Ich sitze an unserem runden Esstisch des Einfamilienhauses – die Schränke aus Holz, der Garten mit Teich, die Vorhänge schwer, draußen alles still –, da sagt meine Mutter plötzlich, wir müssen dir etwas sagen, und dann sagt sie: »Papa ist nicht dein Vater.« Mein Vater, der von einer Sekunde auf die nächste zu einem anderen Mann wird, blickt hoch, dann senkt sich sein Kopf: »Das heißt nicht, dass ich dich weniger lieb habe.« Ich bin perplex und fühle mich seltsam unaufgeregt. Nicht leer, aber: wie betäubt. Es ist wie eine Implosion, die bis heute nachwirkt. Ich möchte einfach nur gehen. Ich gehe hoch in mein Zimmer und packe meine Tasche. Bevor ich die Tür hinter mir zuziehe, frage ich meine Mutter: Warum hast du das getan? Sie kann mir nicht antworten. Dann gehe ich. Was dann folgte, waren Ereignisse, die wie

Dominosteine nacheinander umfielen: Mein Vater ist nicht mein Vater.

Mein Vater ist nicht mein Vater. Wer ist mein Vater?

Mein Vater ist nicht mein Vater. Wer ist mein Vater? Meine Mutter erzählt es mir.

Mein Vater ist nicht mein Vater. Wer ist mein Vater? Meine Mutter erzählt es mir. Mein Onkel erzählt es mir. Meine Tante erzählt es mir.

Mein Vater ist nicht mein Vater. Wer ist mein Vater? Meine Mutter sagt: Ich habe nichts dagegen, wenn du ihn kennenlernen möchtest.

Mein Vater ist nicht mein Vater. Wer ist mein Vater? Meine Mutter sagt: Ich habe nichts dagegen, wenn du ihn kennenlernen möchtest. Ich rufe meinen Vater an.

Wir treffen uns. Ich denke: Er sieht ja aus wie ich.

Wir treffen uns ein zweites Mal. Er ist mir fremd.

Meine Mutter zieht sich zurück. Ich breche den Kontakt zu meinem Vater wieder ab.

Meine Mutter trennt sich von meinem Stiefvater. Sie zieht aus dem Haus aus und sucht sich eine Wohnung.

Mein Stiefvater, der jahrelang nur mein Vater gewesen war, sitzt auf dem Sessel im Wohnzimmer und fragt mich: Warum ist sie gegangen? Ich kann es nicht beantworten.

Ich suche den Kontakt zu meiner Mutter. Wir treffen uns zwei, drei Mal. Sie wirkt abwesend. Meine Mutter zieht sich immer mehr zurück. Jemand erzählt mir, dass meine Mutter aus ihrer Wohnung ausgezogen ist. Sechshundert Kilometer weit weg. Zu ihrem Bruder.

Meine Mutter wird zu einer Fremden.

Fünfzehn Jahre lang.

Das Gerüst meiner Familie, ein feingliedriges Konzept aus Beziehungen, Verabredungen, Zugeständnissen, Handreichungen, Umarmungen, Zuwendung, Vertrauen, Verständnis und Gewohnheit, brach auseinander und fiel zu Boden. Die Familie, mit der ich aufgewachsen war, gab es nicht mehr. Es gab kaum noch Kontakt zueinander. Auch nicht von meiner Mutter. Weder zu mir noch zu meinem jüngeren Bruder. Ich hasste sie. Ich vermisste sie. Ich sah sie als Versagerin, als schlechte Mutter. In dieser Zeit wurde ich eine erwachsene Frau. Ich zog von zu Hause aus, begann mein Studium, begann Beziehungen, brach sie wieder ab. Ich fragte mich, wer ich war und wer ich sein wollte. Und dann, mit Mitte dreißig, wurde ich zu der Frau, die mich jahrelang belogen hatte. Die ich als Kind vergötterte. Nach deren Liebe ich mich sehnte. Und die so fremd für mich geworden war. Es ist die Beichte, dass mein Vater ein weiteres Kind mit seiner Frau bekommt, die meiner Mutter den letzten Anstoß gibt, alles hinter sich zu lassen. Meine Halbschwester wird ein Jahr nach mir geboren. Ein Wiedergutmachungskind, sagt mein Onkel. Meine Halbschwester, sage ich. Meine Eltern haben seitdem nie wieder ein Wort miteinander geredet. Nie wieder. Zwei Jahre nach der Trennung vom Vater meines Kindes wird dieser erneut Vater. Nietzsche schrieb einmal: »Allem Zukünftigen beißt das Vergangene in den Schwanz.«[12]

Und dann, viele Jahre später dies: Mein Vater hatte mich angerufen. Mir auf die Mailbox gesprochen. Nach acht oder zehn Jahren hörte ich das erste Mal wieder seine Stimme. Sie klang vertraut, rau, mit einem Unterton von Frage und Sehnsucht. Wirst du das hören, wie wirst du darauf reagieren, rufst du zurück? Ich hatte ihm zuvor einen Brief geschrieben. Einen handgeschriebenen Brief auf mehreren Seiten. Es war mein Fuß, der mich auf diesen Brief gebracht hatte. Ich lag auf dem Bett und betrachtete meine nackten Füße. Meine Füße sind dürr und lang. Ganz anders als die Füße meiner Mutter: runde, weiche Füße mit kleinen Zehen. Ich schrieb über meine Füße, meine Physiognomie, meine langen Arme, meine langen Beine, über das, was mich automatisch mit ihm verband. Ich klemmte ein Passfoto auf die erste Seite, das runde Gesicht einer Endzwanzigerin, mit den slawischen Zügen der Familie meiner Mutter. Hohe Wangenknochen, tiefe Augenhöhlen, blassblaue Augen. Eine Identität, hinter der ich mich verstecken konnte. Hinter den Müttern und Vätern meiner Mutter, einem Mythos, der sich aus Erzählungen spann: eine Familie in der Nähe von Prag, das Haus meines Großvaters im Riesengebirge. Sein Blick aus dem Fenster.

Auf den schmalen Weg, der hinunter ins Dorf führte. Auf das stattliche Leben, den Stolz über das schöne Dorf. Die schönen Gärten. Er erzählte mir von Wintertagen, in denen er lange im Erker saß und hinausschaute auf das Weiß.

Mein Vater sprach mir auf die Mailbox mit einem Lockanruf: Ich habe eine Überraschung für dich. Also rief ich zurück. Er bedankte sich für den Brief. Er erzählte mir von seinem Leben. Ich dachte: Er klingt ruhiger, als ich ihn in Erinnerung hatte. Und dann sagte er: Ich habe doch Pferde. Und ich weiß, dass du lange geritten bist. Eine der Stuten ist trächtig, und ich wusste: Das soll dein Fohlen sein. Ein Pferd, für mich? Das Geschenk rührte mich. Ich fuhr wenige Tage später zu ihm, um mir mein Fohlen anzusehen. Ich hatte meinen Vater bisher nur drei oder vier Mal in meinem Leben gesehen. Es war eine Begegnung wie mit einem guten alten Freund, den man Jahre nicht gesehen hatte, der einem nun aber so nah war, als hätte man sich gestern gesehen. Diese Nähe hatte ich bisher nicht gespürt. Er hatte sich verändert. So, dass aus einem fremden, leicht überheblichen Mann ein vertrauter Mensch wurde. Oder hatte ich mich verändert? Ich sah auf die Weide hinter seinem Haus. Das Fohlen stakste seiner Mutter hinterher. Es war schwarz, ganz dürr und wunderschön.

Er sagt meinen Namen nicht, doch er benutzt Koseworte, die ich mag. Wenn er aufsteht und sich das Shirt auszieht, bleibt er kurz vor mir stehen, als ob ich ihn bewundern müsste. Und das tue ich. Er geht dann und läuft ins Badezimmer, als würde er in den Tag verschwinden. Doch die Tür bleibt angelehnt. Ich gehe hinterher und nehme mir meine Zahnbürste, der Blick in den Spiegel, während er hinter dem Duschvorhang hervorguckt. Er lächelt und schaut nur. Die Haare sind vom Wasser ganz zurückgestrichen. Die Augen ganz klar, ich kann die nassen Wimpern sehen. Dann steckt er seinen Kopf unter das Wasser. Am Vormittag laufe ich durch die Zimmer, ich fahre mit dem Fahrrad durch die Stadt. Nachmittags liege ich auf dem Bett und lasse die Sonne in mein Gesicht scheinen. Eine Freundin erinnert sich, wie ich zu ihr sagte: »Er kann alles von mir wissen.« Vor Wochen noch war ich in diese Wohnung eingedrungen wie ein lautloses Insekt. Hatte mich hingesetzt, unter Decken gelegt, aus dem Fenster geschaut. Jetzt war ich ganz da. Wollte er das wirklich? Ich zog die Sachen an, in denen ich mich vor ihm schön fühlte. Ich ignorierte das Schweigen auf meine Fragen. Ich ignorierte die Totschlagargumente. Ich sagte: »Ich fühle mich verletzt, wenn du mir nicht zuhörst.« Er sah mich an und verzog den Mund: »Ich fühle mich genauso verletzt.« Ich zuckte mit den Schultern. An einem Sonntag fuhren wir zum See mit einer Freundin, wir sahen auf die Touristen, wir sahen auf die kleinen Boote und ich dachte, ich würde jetzt gerne ins Wasser springen und schwimmen wie im Heiligen See, doch das war fast zehn Jahre her, jetzt liefen wir hier und ich schwitzte und die Sonnenbrille störte und ich konnte nicht aufhören, uns von außen zu betrachten. An einem Steg voller Tische und Buden mit Hähnchen und Salaten gingen wir bis ans Ufer und ich fragte, wollen wir uns nicht setzen, er schaute sich um und verdrehte die Augen, doch wir setzten uns und als wir gegessen hatten, stocherte ich in den restlichen Bratkartoffeln, die mich anglotzten wie ein billiges Utensil an diesem ganzen billigen Tag. Im Hintergrund röhrten die Motorboote auf der Havel durchs Schilf. Er war voller Verachtung für das, was um ihn herum war. Ich lächelte. Und ich dachte: Schwachkopf.

BINDUNG

.

Hatte die Beziehung, die ich als Kind zu meinen Eltern hatte, Einfluss auf die Beziehung, die ich als erwachsener Mensch führte? Hatte sie Einfluss auf meine Partnerwahl? Die Psychoanalyse ist sich schon lange einig, dass die erste menschliche Beziehung des Kindes der Grundstein zu seiner Persönlichkeit ist. Weniger einig ist man sich über das Wesen und den Ursprung dieser Beziehung – es gibt in der Forschung empirische Übereinstimmungen, dass sich bei fast allen Säuglingen innerhalb von zwölf Monaten ein starkes Band zu seiner Mutterfigur entwickelt, jedoch gibt es noch keinen Konsens darüber, wie schnell das geschieht, durch welche Prozesse es aufrechterhalten wird, wie lange es anhält oder welche Funktion es erfüllt. Ich schreibe Mutterfigur und beziehe mich damit auf den Begriff des britischen Psychoanalytikers und Kinderarztes John Bowlby, einem der wichtigsten Bindungsforscher.[13] Bowlby schließt mit dem Begriff Mutterfigur auch nicht leibliche Mütter als Bezugsperson mit ein. Obwohl nach Bowlby reichlich Beweise dafür vorliegen, dass die Art der Pflege, die ein Kind von der Mutter erfährt, eine wichtige Rolle im Hinblick darauf spielt, wie sich sein Bindungsverhalten weiterentwickelt, hat die Bindungsforschung noch wenig Forschungsanstrengung geleistet. Interessant aber ist, dass die Art und Weise mütterlicher Fürsorge immer auch vom Kind selbst beeinflusst wird – das Kind ergreift laut Bowlby selbst in großem Umfang die Initiative zur Interaktion und bestimmt dadurch auch die Form.[14] Erst im Alter von drei Jahren ist es Kindern in der Regel möglich, die Trennung von der Mutter auch für längere Zeit zu ertragen. Da dies Studien zufolge oft abrupt geschieht, geht die Forschung davon aus, dass hier eine genetisch festgelegte Entwicklungsschwelle überschritten wird. Auch wenn die Bindung an die Mutterfigur im Laufe der Adoleszenz nachlässt, ist unsere genetische Veranlagung, nach Bindungen zu streben, weiterhin stark ausgeprägt. Bowlby spricht hier von der lebenswichtigen Funktion, die Bindungen »von der Wiege bis zum Grabe« für Menschen spielen. Das Bindungsverhalten im Erwachsenenalter ist nach Bowlby eine direkte Fortsetzung des Bindungsverhaltens in der Kindheit, was man besonders daran erkenne, dass schutzsuchende Erwachsene, etwa bei Krankheit oder Not, oft große Ansprüche an andere Menschen stellen und Nähe bei Personen suchen, denen sie vertrauen.[15] Untersuchungen, inwieweit das Bindungsverhalten Erwachsener im Zusammenhang mit der Qualität der selbst erfahrenen elterlichen Bindung steht, sind bislang kaum empirisch durchgeführt worden. Dementsprechend dürftig sind die Ergebnisse. Es liegen Studien vor, die belegen, dass die Erfahrung der elterlichen Scheidung in einem engen Zusammenhang mit Unsicherheiten im eigenen Bindungsverhalten der Scheidungskinder steht.[16] Es gibt auch übereinstimmende Erkenntnisse der Bindungsforscher, dass die Rolle der Mutter in Kindheit und Jugend das Bindungsverhalten beeinflusst.

So verfügen überproportional viele Probanden in Studien dann über ein stabiles Bindungsverhalten, wenn sie die eigene mütterliche Bindungsperson als feinfühlig, sozial kompetent und liebevoll bewerten: »Probanden, die im Bindungsinterview berichteten, dass sie sich in der Kindheit von der Mutter geliebt und angenommen fühlten, gaben demnach mit hoher Wahrscheinlichkeit auf dem Bindungsfragebogen an, dass sie die Nähe und die Intimität einer Liebesbeziehung als angenehm empfanden. Umgekehrt war die Erinnerung an eine wenig liebevolle Beziehung zur Mutter meist mit einem hohen Wert für die Vermeidung in der Partnerschaft verbunden. Die Bereitschaft und die Fähigkeit, sich im Erwachsenenalter auf eine enge, verbindliche Beziehung einzulassen, schienen demnach davon beeinflusst zu werden, inwieweit die Bindung an die Mutter in der Kindheit von Liebe geprägt war.«[17]

Und der Vater? Die Bedeutung des Vaters auf das Bindungsverhalten ist weniger untersucht worden.[18] Dass die Mutter überproportional haftbar für das emotionale Gedeihen der Kinder gemacht wird, ist auch deshalb ein bestehendes Problem der Forschung, weil man die Überbewertung alter Rollenmuster in den Probandengruppen entweder bislang nicht genügend gewürdigt hat, diese nicht als Problem erkannt hat oder in Ermangelung aktuellen Datenmaterials auf Forschungsleistungen zurückgegriffen wurde, die aus Zeiten stammen, in denen auch in wissenschaftlichen Kontexten »Eltern« mit »Mutter« gleichgesetzt war. Philip A. Cowan und Carolyn Pape Cowan, beide Professoren für Psychologie an der Universität Berkeley, haben aber mittlerweile Hinweise vorliegen, dass der Vater sehr wohl einen starken Einfluss hat. So waren

Väter, die in Beziehungsstudien als unsicher gebunden charakterisiert wurden (also verantwortungsvermeidend, was elterliche oder partnerschaftliche Fürsorge angeht), weniger fähig, zu ihren Kindern eine positivere, liebevollere Beziehung zu begründen. Ebenfalls noch nicht untersucht ist der Zusammenhang zwischen der Bindungsqualität zwischen den Eltern und dem späteren Bindungsverhalten des Kindes. Cowan und Cowan bemängeln diese Leerstelle in der Forschung, weil sie die Beziehung der Mutter und des Vaters zueinander – egal ob sie verheiratet sind, eine Lebensgemeinschaft bilden, geschieden sind oder getrennt leben – als ebenfalls sehr bedeutend für die Entwicklung der Kinder erachten. Sie halten es deshalb für notwendig, eine familiensystemische Perspektive einzunehmen, um die Entwicklungsverläufe von Kindern verstehen zu können. Philip A. Cowan schreibt: »Wir wissen, dass Familien in ihrem sozialen Kontext leben, der Einfluss auf die Struktur und den Gang ihrer Bindungsbeziehungen nimmt.« Cowan und Cowan haben seit 2010 vermehrt Studien initiiert, um zu verstehen, wie die Paarbeziehung an der transgenerationalen Weitergabe von familiären Bindungsmustern – also dem unbewussten Weitergeben von Verhaltensweisen an die Kinder – beteiligt ist. Dabei wurde die Erwartung bestätigt, dass Eltern, die beide als gesichert gebunden klassifiziert wurden, sich als autoritativer – liebevoller, dabei aber auch stärker auf das Einhalten von Grenzen bedacht – erwiesen. Bei Paaren, die unterschiedlich klassifiziert wurden – also entweder nur die Mutter oder der Vater waren als gesichert gebunden klassifiziert –, beobachteten Cowan und Cowan, dass unsicher gebundene Mütter ein ähnlich autoritatives Verhalten

ihren Kindern vermitteln konnten. Die Forscher erklärten
das mit dem Umstand, dass das »innere Arbeitsmodell« des
sicher gebundenen Vaters der Mutter bei der Erziehung Sicherheit vermittelte und so negative Effekte abfederte, während sicher gebundene Mütter mit einem unsicher gebundenen Vater den negativen Einfluss des Vaters nicht ausgleichen
konnten. Daraus schlossen Cowan und Cowan, dass – zumindest auf die beobachtete Gruppe bezogen – die sicher
gebundene Mutter wenig bis keinen Einfluss darauf habe,
den unsicher gebundenen Partner zu einem liebevolleren
und zugänglicheren Verhalten als Vater zu bewegen. Das bedeutet, dass die Persönlichkeitsdefizite des Vaters, bezogen
auf seine Fähigkeiten, das Kind fürsorglich und feinfühlig zu
erziehen, nicht durch die Mutter ausgeglichen werden können. Auch wenn die Probandengruppe nicht groß war, ist
die Eindeutigkeit der Ergebnisse – kein unsicher gebundener
Vater schaffte im Laufe der Studie eine Verhaltensverände-
rung – signifikant. Ein Merkmal feinfühliger Erziehung ist
das Vermitteln von Vertrauen und die Fähigkeit, Vertrauens-
verhältnisse aufzubauen und zu erhalten. Die Probanden,
die sich weniger fürsorglich bemuttert fühlten, hatten auch
Schwierigkeiten, sich später auf andere zu verlassen, und be-
werteten Situationen, in denen sie sich verlassen fühlten, als
besonders schwer erträglich, was zu konfliktbeladenen
Partnerschaften führen kann.

Als ich nach einem Streit die Beziehung beende, fühle ich
Leere und Reue. Ich setze mich in den Zug nach Hamburg,
starre aus dem Fenster. In meiner alten Wohnung denke ich:
Endlich wieder zu Hause. Etwas, das bald nicht mehr mein

Zuhause sein wird. Ich trinke Kaffee und esse ein getoastetes Croissant in der Küche. Öffne das Fenster. In einer Ecke stehen die Bücher, die in den Umzugskarton kommen. Meine Kleider hängen an allen möglichen Haken im Zimmer. Das Zimmer sollte nach Aufbruch schreien, aber es herrscht nur Chaos und Stillstand. Doch ich bin nicht müde. Ich bin nur verwirrt. Die Beziehung ist unerträglich, denke ich, weil wir uns viel zu oft beleidigen und streiten. Ich habe schon so viel geweint. Warum eigentlich? Am Abend ruft er mich an. Ich sitze auf dem Holzfußboden und höre ihm zu. Er redet nicht viel, aber ich höre ins Telefon hinein, und dann sagt er, wie es ist, wenn jemand verletzt wird. Wenn sich beide verletzen und erst hinterher verstehen. Ich verstehe, sage ich und setze mich am nächsten Tag wieder in den Zug. Als ich aus dem Fenster schaue, rasen die Wiesen und Wälder an mir vorbei. Ich sehe mich im Fenster und schaue auf die schattigen Umrisse in meinem Gesicht. So werde ich aussehen, wenn ich älter bin, denke ich und schaue wieder weg. Das Abteil ist ganz leer, ich habe die Türen zugezogen. Kurz bevor wir in Berlin sind, schicke ihm ein Foto per Handy, das ich wenige Minuten zuvor gemacht habe: Meinen Arm in Sommerbräune mit Hunderten von Sommersprossen über meine blassbraunen Oberschenkel gelegt. Als ich ankomme, nimmt er mich in den Arm, stiller als sonst. Er fährt uns in seine Wohnung. Er öffnet die Tür. Ich stehe nur einen Meter vor ihm und sehe ihn an. Ich sage nichts. »Ich muss eine Zigarette rauchen«, sagt er dann und dreht sich um. Ich höre, wie er seine Jacke aus der Garderobe nimmt, die Tür zum Arbeitszimmer öffnet, die Tür wieder schließt und das Fenster öffnet. Dann ist es still. Ich stelle meine Tasche an die Wand und setze mich auf das kleine Sofa im Flur. Als er zurückkommt, sitze ich immer noch dort, und er sagt leise: »Du bist so bedürftig. Du brauchst von allem so viel.«

DIE RISSE, DIE FAMILIEN TRENNEN

Was ich über Männer gelernt habe, habe ich zuerst von meinem Stiefvater gelernt. Es fällt mir schwer, mich an ihn zu erinnern. An meinen Stiefvater, der jedoch der Mann ist, dem ich diesen Begriff gegeben habe: Vater. Ich nenne ihn sogar Papa, jedoch nur noch in Gesprächen über ihn – nicht vor ihm. Ich sehe ihn kaum. Und wenn ich ihn sehe, in letzter Zeit nur noch zufällig, wie kürzlich beim Bäcker, wie er sich den Kaffee vom Tresen holt und ein Stück Gebäck bringen lässt, dann sage ich nicht viel mehr als Hallo. Was soll ich auch sagen? Es fällt mir schwer, ihm zu begegnen, ich bin aufgeregt, denn ich weiß nicht, was ich in diesen Situationen machen soll. Ich bin überfordert. Worüber sollte ich mit ihm reden? Zudem spüre ich die Verpflichtung, die Situation gestalten zu müssen. Als hätte nur ich ihn entdeckt. Und nicht er mich. Wie geht es dir?, frage ich also. Alles gut, alles gut, sagt er und rührt in seinem Kaffee. Ich habe ihn lange nicht gesehen, zwei, drei Jahre sicher, und seine Stimme wirkt dünn und gepresst. Er räuspert sich: Bist du in der Rilkestraße? Er meint damit das Haus meiner Mutter. Ja, sage ich. Und dann schnell, um noch etwas zu sagen: Dort ist auch alles gut. Ich überlege, was ich noch sagen kann, denke an das Naheliegende, ihm von meinem Sohn zu erzählen, wie es ihm geht, was er jetzt kann. Er kennt ihn, ich hatte ihn besucht, als er noch ein kleines Baby war. Um ihn zu zeigen. Natürlich. Doch dann war der Kontakt wieder versickert, abgebrochen. Eine SMS zum Geburtstag von mir. Keine weitere Kommunikation. Die Intimität zu teilen, wie es meinem Sohn jetzt ging, so zu tun, als könnten wir das teilen, ich brachte es nicht fertig. Dennoch fühlte ich mich schlecht dabei. Es war, als würde ich ihm erzählen, was ich ihm verheimlichte und vor ihm verbarg. (Du bist schuld.) Er rührte weiter in seinem Kaffee, ich saß halb auf einem Stuhl vor ihm, hielt eine Milchtüte und ein Brot in meinen Händen. Okay, sagte ich, ich glaube, ich gehe dann mal. Okay, sagte er und legte den Löffel zur Seite. Ich weiß nicht mehr, ob ich ihn umarmt habe. Dann ging ich zu meinem Auto. Alles, was in den Jahren meines Aufwachsens zwischen uns stand, stand nicht mehr zwischen uns. Er war gar nichts mehr zwischen uns. Wir hatten keine Verbindung mehr, keine Nähe. Ich erkannte ihn sofort auf der Straße, aber seine Frau oft nicht, ich wusste nicht, wie sein Alltag aussah, ich hatte keinerlei Idee von dem Leben, das er jetzt führte. Ist es nicht seltsam, dass man etwas für normal hält, das einem gar nicht normal vorkommt? Mit allen Mitteln versuchte ich, meinen Stiefvater für mich zu rekonstruieren. Mit jedem neuen Tag versuchte ich als Mädchen, mich und ihn miteinander in Beziehung zu setzen. Meist im negativen Sinne: Wir verstanden einander nicht, er mochte mich nicht (warum?), er sah auf Frauen herab (wirklich?). Das, was in den Jahren meines Aufwachsens zwischen uns stand, war keine Nähe, aber es war eine Spannung, ein Kampf, der oft Demütigungen für mich enthielt. Und nun hatte ich alles vergessen?

Ich kann mich nicht spontan an Momente mit meinem Stiefvater erinnern, ich erinnere mich aber an diesen Riss, der durch unsere Familie ging und zwischen ihm und mir stand. Er hatte ganz deutlich etwas mit meinen Eltern zu tun. Und es war ein Riss, der einen noch größeren Teil trennte: den der Familie meiner Mutter und den der Familie meines Vaters. Und der direkt zwischen mir und meinem Bruder verläuft. Wir haben eine enge Verbindung, und trotzdem wir objektiv Halbgeschwister sind, fühlen wir uns wie Bruder und Schwester. Neben meiner Mutter und mir stehen alle Familienmitglieder der Familie meiner Mutter, neben meinem Vater und meinem Bruder alle Familienmitglieder der väterlichen Familie. Einige junge Geschwister meiner Eltern, besonders die, die eng mit uns Kindern waren, schwirren in der Mitte herum, so als wollten sie sich nicht zuordnen lassen. In meiner Familie standen also zwei Familien gegeneinander. Man sprach nicht miteinander, sondern übereinander. Es gab keine Freundschaften, keine herzlichen Gespräche zwischen den beiden Großelternpaaren oder Verwandten. Diesen Riss, den ich hier beschreibe, sehe ich auf alten Familienfotos. Sie zeigen oft meinen Bruder und mich in Situationen, in denen jeweils einer in fremder Umgebung ist. Und in der dieser sich offensichtlich nicht wohlfühlt. Ein Foto, das an einem Heiligabend in den 1980er-Jahren aufgenommen wurde, zeigt meine mütterliche Großmutter, meine Tante, meine Mutter und mich gemeinsam mit meinem Bruder vor einer Holzeisenbahn. Ich hatte sie gerade zu Weihnachten bekommen und schob die Lokomotive lächelnd in eine Richtung. Alle Frauen auf diesem Bild tragen Achtzigerjahre-Blusen mit Rüschen in Pastellfarben. Ihre dicken, schwarzen Locken oder dauergewellten Haare fallen tief ins Gesicht. Sie sitzen in Jeans und feinen Stoffhosen hinter mir und stützen sich mit den Händen auf den Knien ab. Sie lachen herzlich. Das frische, braun gebrannte Gesicht meiner Großmutter strahlt über ihrer feinen blassrosa Bluse. Ich trage ein rotes Kleid aus Cord und eine weiße Strumpfhose, die Haare zu einem langen Pagenbob mit Pony geschnitten. Alle freuen sich. Nur mein Bruder sitzt neben uns in der Ecke, schmollend, traurig und abwartend in seiner blauen Jeanslatzhose, und bleibt außen vor. Diese Risse in den Bildern finde ich immer wieder. Auf großen Familienporträts, die im Geburtshaus meiner Mutter aufgenommen wurden, bleibt mein Bruder ernst, während wir anderen lächeln. Demgegenüber ist der Blick meiner Mutter auf Bildern, die im Geburtshaus meines Stiefvaters aufgenommen wurden, oft leer. Auch wenn ich mir sagte, die Risse, die ich in meiner Familie wahrnahm, waren meinem ganz persönlichen Blick geschuldet, so konnte ich mich nicht dagegen wehren, sie objektiv zu betrachten. Ich sehe diese Risse heute noch.

Einer verlief zwischen mir und meiner Mutter und meinem leiblichen Vater entlang. Als mir mein Vater einmal Fotos zeigt, die ihn gemeinsam mit meiner Halbschwester als kleines, vier- oder fünfjähriges Mädchen zu Weihnachten zeigen, kann ich nicht lange hinsehen, so sehr trifft mich das Bild. Ich bin nach dem Durchsehen alter Fotos in den Garten gegangen und habe tief Luft geholt, ich wollte jedoch nicht weinen. Nicht hier. Nicht jetzt. Ich erinnere mich, dass wir später draußen standen und ich ihn von Weitem sah. Er stand mir mit dem Rücken zugewandt und ich sah seinen langen, dürren Körper, seine Arme, Beine, alles ein wenig feingliedriger und zarter, als es mir jemals zuvor aufgefallen war. Sein halblanges, graues Haar wirkte feiner, dünner. Er wirkte plötzlich alt. Und ich dachte: Er wird bald siebzig, und ich habe nicht mehr viele Jahre mit ihm.

Wenn mein Stiefvater viele Jahre zuvor, ich war zwölf, dreizehn Jahre alt, abends die Auffahrt hochfuhr, den Wagen abstellte, die Wagentür zuklappte, die kleine Treppe hinaufstieg und die Haustür öffnete, veränderte sich die Stimmung im Haus. Ich wusste, dass meine Mutter nun aufmerksamer sein würde, dass mein Bruder aus seinem Zimmer kommen, ich aber versuchen würde, so lange wie möglich hier oben zu bleiben, zwischen meinen Sachen, zwischen meinen Büchern, auf meinem Bett. Mein Herz klopfte etwas schneller und ich spürte, wie das Adrenalin in meine Adern schoss. War heute etwas? Hatte ich etwas falsch gemacht? Das Zimmer war aufgeräumt. Ich war nicht zu spät gekommen. Ich war hier, in meinem Zimmer. Keine Dinge, über die ich sprechen müsste. Keine Noten. Keine Wünsche. Nein. Ich erinnere mich: Draußen an der Hauswand hängt der Basketballkorb, in der Garage liegen zwei Skateboards, Fahrräder. Dort riecht es im Sommer nach warmer Zeltplane und Plastik. Ich gehe seit Kurzem aufs Gymnasium. Ich trage einen dunklen Mantel mit Kapuze, den mir meine Mutter geschenkt hat. Ich mag diesen Mantel. An dieses erinnere ich mich auch: Mein Stiefvater war autoritär und unsicher. Er wusste, wie er mich vor meinen Freunden demütigen konnte. Mit Ermahnungen. Mit lauter Stimme. Mit Herabsetzungen. Meine Mutter hat sich Männer gesucht, die sie und andere kleinmachten und dadurch selbst größer wurden. Es gibt nichts, was ich dagegen schneiden könnte. Mein Vater sagte keine aufmunternden Worte, es gab keine Umarmungen, keine wirkliche Nähe. Die einzige Nähe, die wir hatten, bestand aus den politischen Debatten am Mittagstisch an den Wochenenden. In konträren Lagern, aber mit großem Spaß diskutierten wir, während meine Mutter und mein Bruder still danebensaßen. Wenn der Ton schärfer wurde, sagte meine Mutter: Könnt ihr nicht später darüber reden? Mein Vater blickte empört zu ihr auf, dann lächelten wir uns an. Es war ein Leben wie auf Wellen. Die Welle war oben, die Welle war unten. Wie ein unsichtbares Gesetz, das uns miteinander verband.

WAS BRAUCHST DU NOCH, UM ZU GEHEN?

Als ich dreißig wurde, erschienen die zurückliegenden Jahre mir wie Stolpersteine, die jemand auf einen Hügel geworfen hatte. Ich war sie alle überwandert. Einen nach dem anderen. Ohne meine Mutter. Ohne jemals einen Vater gehabt zu haben. Meine Mutter war abwesend, weit weg, oder die Frau am Bahnsteig, die weinte, wenn wir uns begegneten. Zur Begrüßung und zum Abschied. Bevor der Zug in den Bahnhof einfuhr, zog ich meinen Koffer durch den Gang, sagte Entschuldigung und Danke und zog den Koffer weiter, damit ich in etwa dort aussteigen konnte, wo ich sie auf dem Bahnsteig vermutete. Der Zug lief in den Bahnhof ein, er rollte, das Bahnhofshäuschen war ockergelb und zog langsam an mir vorbei. Ich streckte den Kopf, sah hinaus, schaute links und rechts, der Zug rollte weiter langsam in den Bahnhof hinein.

Als die Türen sich öffneten und ich die zwei Stufen hinabstieg und mich umdrehte, da sah ich sie. Zu weit weg zumeist, mit ihrem neuen Mann an der Seite, wie zum Schutz, doch ich dachte: wie ein Hindernis. Ich wollte nicht teilen. Ich wollte sie doch für mich. Ich sah sie entfernt von mir stehen, ihr kurzes Lächeln, sah, wie sie ihren Arm hob, und dann kam sie auf mich zu, und jedes Mal zuvor im Zug dachte ich: Heute renne ich. Heute weine ich. Heute drücke ich sie so fest, dass sie kaum noch atmen kann. Heute küsse ich ihre Wangen. Ich lächelte. Doch dann lief ich los und ich sah ihre Augen, die kleiner wurden, und mein Gang wurde langsamer, und ich fragte mich: Warum renne ich nicht? Warum weine ich nicht? Dann standen wir voreinander und ich war starr und meine Mutter weinte und wir umarmten uns, ich spürte ihre Hände auf meinem Rücken, ich schloss die Augen, sagte »Du musst doch nicht weinen«, und dann lösten sich ihre Hände und auf meinem Rücken fühlte ich den ganzen Tag ihre Abdrücke. Die Vergangenheit beinhaltete neben Begrüßungen und Abschieden auch: Telefongespräche, gegenseitige Geschenke, Weihnachtsgeschenke, Glückwünsche, Postkarten (beiderseits), Textnachrichten (beiderseits), Briefe (meinerseits). Dennoch war die Stille oder waren die Abstände zwischen den Begegnungen so groß, dass ich mich aus dieser Zeit in meinen Zwanzigern nur an Abschiede und Begrüßungen erinnere.

Es waren nur wenige Monate vergangen, seit ich aus Istanbul zurückgekehrt war. Was wollte ich dort? Ich hatte ein Jahr dort gelebt, geschrieben, an einem Magazin gearbeitet, Interviews geführt. Ich lebte weit weg von einer Familie, die ich nicht mehr hatte. Ich lade meine Mutter mehrmals ein, sie kommt nicht. Sie findet keine Zeit. Oder hat Angst? Immer diese Angst. Sie hängt wie ein Damoklesschwert über unseren Leben. Ihrem und meinem. Ich genieße den Abstand zu Deutschland. Ich fühle mich gut. Das hatte ich schon in Barcelona und in New York gesagt. Ich fühle mich beruhigt. In Sicherheit. Die Vorstellung, im Ausland zu wohnen, hatte mir immer eine tiefe Befriedigung gegeben. Es war nicht das Exotische, das Andere, die Community derer, die sich im Ausland gefunden hatten. Ich fühlte mich wohl, weil ich im Ausland offiziell und gesellschaftlich anerkannt untertauchen konnte. So weit weg von meiner Familie fühlte ich mich: zu Hause. Eines Tages sagte ein Freund, es werde eine Frau aus London zu Besuch kommen, eine Dichterin nannte er sie. Ob ich mich um sie kümmern könne. Er sagte: Sie ist Dichterin. Um die sechzig. Und: Sie ist eine Prinzessin. Als Sylvia vor dem Pera Palace Hotel aus dem schwarzen Taxi stieg, in einem dunklen Pelzmantel, die Haare kurz und die Augen so klar und blau, dachte ich nicht an eine Prinzessin. Sie war zu groß. Zu präsent. Mutter aus Berlin, Vater Wien, geflohen vor dem Zweiten Weltkrieg. Und doch, sie hatte etwas Besonderes, Feines. Wie sie morgens aus der Wohnung kam, langsam, mit liebevollem Blick. Sie hielt mir ein Buch hin, das sie kurz zuvor ausgepackt hatte: »Schau, noch eine Nicole«, sagte sie, »*Die Geschichte der Liebe* von Nicole Krauss.« Und sie lachte. Wir tranken Whisky auf ihrem Balkon und aßen Schokoladeneis. Ich mochte keinen Whisky. Aber die Abende auf ihrem Balkon. Gegenüber wuchsen Bäume aus einer verfallenen Stadtvilla. Ich war gern aus Berlin nach Istanbul gezogen. Berlin war ein zerrissener Ort, viele Möglichkeiten, um zu gewinnen, viele Möglichkeiten, um zu scheitern. Meine Reise führte mich dann per Zufall in die Türkei. Ich blieb zehn Monate und lebte in einer Art Boheme, die sich aus Künstlern, Musikern, Schriftstellern, jungen Diplomaten, DJs, Designern, Fotografen zusammensetzte. Istanbul war plötzlich Gegenwartskunst-Mittelpunkt, politisches Spannungsfeld und für mich eine Art Kommune. Und genauso abrupt, wie ich gekommen war, bin ich auch wieder gegangen. Dieser Schritt war verwirrend. Eine sichere Umgebung, die man sich geschaffen hat, mit Menschen, die man näher an sich herangelassen hat, Liebschaften, Freundschaften, sind plötzlich Vergangenheit. Warum hatte mich nie jemand gefragt, ob ich es vermisste. Vermisste ich es? Es gab immer wieder Dinge, die mich daran erinnerten. Türkisches Frühstück oder die zwei, drei Worte, die ich in Berlin aufschnappte. Aber auch der Klarinettenspieler, der mir begegnete, als ich in die Berliner S-Bahn stieg und das Gleisdreieck verließ. Töchter suchen sich immer ihre eigenen Mütter, sagte mir einmal eine Freundin. Sylvia wurde so etwas. Eine Freundin. Sylvia konnte mir meine Mutter nicht ersetzen, aber sie konnte mir ein Frauenbild zeigen, das ich brauchte. Sylvia und ich werden Brieffreundinnen. Wir schreiben uns Weihnachtskarten. Die erste postalische Weihnachtskarte für meinen Sohn kommt aus London, von ihr. Wir tauschen Familiengeschichten aus. Als ich an ihrem siebzigsten Geburtstag nicht nach London fahren kann, habe ich ein schlechtes Gewissen.

Mit zwanzig hörte ich die Tauben gurren, wenn ich in einem fremden Bett schlief in einer Wohnung mitten in der Stadt, in der ich mein Leben verbrachte, für ein, zwei Monate, bevor ich weiterzog. Ich wartete auf einen Studienplatz und zog die Briefe nacheinander aus dem Postkasten, in der Hoffnung, etwas könnte für mich dabei sein. Ich wartete auf die Zeit in Bibliotheken, auf die Zeit in Hörsälen, auf die Zeit, die alles auf null setzen würde. Auf eine neue Ordnung. Auf einen Neuanfang. Wenn ich aufwachte, dann saßen wir zusammen in der Küche, eine Freundin, ihre Schwester und ich. Wie ein Haufen zusammengewürfelter Menschen, und wir kicherten, dass ich in diesem Bett in dieser Wohnung geschlafen hatte, wo ich doch eigentlich nicht hier wohnte. Ich dachte nicht mehr an meine Mutter. In einer Nacht saß ich Linus gegenüber. Er war ein paar Jahre älter als ich. Er studierte Architektur. Viel zu lange schon, sagte er und sah mich an. In der Nähe des Bahnhofs hatte er mit einem Freund zusammen eine ganze Etage gemietet. Er hatte ein Bett eingebaut, die Dielen lagen offen, es gab kaum Möbel. Zur Seite des Hinterhofs öffneten sich Fenster. Ging man eine kleine Feuerleiter hinauf, konnte man auf einer Art Dachterrasse sitzen. Wir legten dort nachts die Matratzen hin und schliefen Arm in Arm ein. Als ich nach Tagen wieder in der Wohnung auftauchte, lächelte und die Fenster öffnete, weil es immer noch so warm war, kam die Schwester meiner Freundin aus der Küche und sagte: Hast du es schon gehört? Nein, was?, fragte ich. Prinzessin Diana ist gestorben.

Ich sah ihn noch ein paar Mal wieder. Dann ging ich weg. Ich erinnere mich an keinen Abschied. Ich erinnere mich an keine Szene, die zu einer Beziehung geführt hätte. Aber ich erinnere mich, dass ich es war, die Unverbindlichkeit ausstrahlte.

Mit sechzehn rannte ich über den Strand und spürte den festen Boden, der von den Wellen feine Erhebungen bekommen hatte. Dann rannte ich wieder zum Wasser, spürte kurz die Gischt und ging dann zurück zu unseren Handtüchern, die mitten im Sand lagen, weit weg von allen anderen Handtüchern, weit weg von allen anderen Badegästen, Familien, Paaren oder Surfern. Da lagen wir, drei Freundinnen, wie auf einer Insel im Sand. Und aßen Süßigkeiten, saure Kirschen, Cola-Flaschen, und schlürften Ahoi-Brause aus den kleinen Tüten. Die Sonne brannte auf unsere Körper und unsere Köpfe und meine Haut spannte, wenn ich mit meiner Hand darüberstrich. Wir fuhren mit den Fahrrädern über die schmalen Wege und rochen die schweren Inselrosen, die Hagebuttensträucher, und sahen den Sanddorn hängen. Wir hielten immer wieder an und schauten über die Rosenhecke zu den Dünen, hinter denen das Meer ans Ufer strömte und wieder zurückwich, strömte, wieder zurückwich. Wir tranken Buttermilch und Bier und als wir unsere Zelte aufbauten, fiel Silke das Zelt über dem Kopf zusammen und sie sagte: So ein Mist, ich habe meine Mittelstange vergessen, und wir lachten und suchten nach einer Stange, bis sie wütend und stolz ein festes Band von Stange zu Stange zog und ihr Zelt darüberspannte. Ich lag mit Silke in meinem Zelt, ich wusste, ich würde nicht allein sein, in diesem Zelt, das gefiel mir, denn plötzlich wurde es dunkel und es war schon spät, doch wir wollten noch zur Strandpromenade gehen. Wir liefen an beleuchteten Kurhotels vorbei, an herausgeputzten Badegästen, rotgesichtigen Kindern und anderen Jugendlichen, die wie wir alleine sein würden, ohne Eltern, ohne große Geschwister, nur für uns und auf uns gestellt. Meine Eltern fuhren kilometerweit entfernt durch Paris und suchten Disneyland. Ein Wochenende ohne sie. Als ich später wieder unter der gelben Plane saß, die nach Vertrautem roch, nach unserer Garage und Gartenmöbeln in der Sonne, da hämmerte mir der Kopf und ich dachte, es ist der Alkohol, aber Silke sagte: Das ist die Sonne. Der Kopf hörte nicht auf zu hämmern und meine Haut fühlte sich plötzlich kalt an, ich zitterte und nahm mir eine Decke, dabei war es Hochsommer und auch in dieser Nacht lauwarm. Meine Zähne klapperten und ich versuchte mich zu beruhigen, stattdessen liefen mir die Tränen runter und ich begann zu schluchzen. Alles gut, sagte Silke. Alles gut, sagte Lara. Und sie lachte ein wenig, weil ich dämlich aussah, so zitternd mit angewinkelten Beinen. Ich lachte auch, aber dann liefen mir wieder die Tränen herunter. Sollen wir einen Arzt holen? Ich schüttelte den Kopf. Du hast einen Sonnenstich, sagte Silke. Lara rannte los, auf den Zeltplatz, um jemanden zu finden, der mir helfen könnte. Mein Vater, sagte ich dann plötzlich wie aus dem Nichts und schluchzte. Mein Vater. Er hasst mich. Silke strich mir über den Arm. Nein, er hasst dich nicht. Ich schluchzte. Und dann begann ich, noch mehr zu schluchzen und noch mehr zu reden. Ich zitterte und klapperte. An keinen Satz erinnere ich mich. Es kam nicht aus dem Nichts. Ich hatte auf der Hinfahrt auf der Fähre gesessen und mich an die Fahrt erinnert, auf die ich vor zwei Jahren mitmusste, auf diese Insel, für einen Familienausflug. Ich wollte nicht mitkommen und nahm ein Buch mit, das ich während des ganzen Aufenthaltes las. Auf der Fähre, am Strand. Im Café sagte er streng: Leg das Buch jetzt weg! Ich erinnerte mich an den Geburtstagtisch meines Onkels, an dem ich vor Kurzem saß und lachte

und er mich scharf über den Tisch ansah: Hör auf zu lachen!
Warum? Weil ich es dir sage! Aber ich lache doch nur?! Er
erhob seine Hand und knallte mir eine Ohrfeige ins Gesicht. Die anderen am Tisch verstummten. Ich hielt meine
Hand an die Wange. Mein Bruder sah mich an. Meine Mutter schaute zu meinem Stiefvater. Alle hielten inne. Ich stand
vom Tisch auf und lief ins Badezimmer. Mit sechzehn,
dachte ich, mit sechzehn gibt der mir eine Ohrfeige. An all
das dachte ich, als ich tagsüber über die Insel lief und abends
unter der Zeltplane saß und Lara wieder hereinkam und mit
den Schultern zuckte und hinter ihr zwei Jungs in unserem
Alter die Köpfe zu uns reinsteckten und glotzten. He, haut
ab, sagte Lara und setzte sich zu mir. Es geht schon, es geht
schon, sagte ich und legte mich in den Schlafsack. Sie strich
mir über die Arme und den Kopf. Dann schloss ich die Augen
und schlief unter den Geräuschen eines Zeltplatzes in einer
Sommernacht ein.

Ich bin fünfzehn. Wie ein Tiger im Käfig laufe ich durchs
Zimmer, denke ich. Das Gefühl von Kraft. Und von Stolz.
Dabei bin ich doch ein chinesischer Drache und wie zur Ver-
gewisserung schaue ich immer wieder mein Geburtsjahr nach
und sehe: Drache. Die Kraft sitzt in meinem Zwerchfell, sie
glüht, und wenn es zu viel wird, sage ich: Es ist, als ob eine
ganze Wand hinter mir steht und darauf wartet, draufloszu-
stürmen. Ich stelle mir diese Wand immer als dunkel und
gewaltig vor, wie schwarze Gewitterwolken, doch sie war
nie wirklich bedrohlich. Mein Vater sagt, das hast du von
mir. Wir sind stark. Wir haben Power, und seine glasblauen
Augen sehen mich an wie ein Geist. Ja. Nur, wer sind wir?,

hatte ich gedacht, dann aber mit dem Kopf genickt. Der Stolz hatte eine andere Dimension. Er war der Pullover über meinen Schultern, den ich als junges Mädchen zum Mittagstisch mitführte. Bitte leg den Pullover ab, wir sind doch hier nicht auf einer Modenschau, sagte mein Stiefvater. Meine Mutter sagte nichts. Und ich legte den Pullover beiseite, spürte aber, dass er mir dieses Gefühl nicht nehmen konnte, das der Pullover in mir auslöste. Das bin ich, hatte ich gedacht, wie eine amerikanische Schauspielerin in einer Teenie-Komödie der 8oer-Jahre. Der Stolz war auch: Unabhängigkeit. Gehen, wenn ich gehen wollte. Das hatte ich immer getan. Doch jetzt, viele Jahre später in Berlin: Streitereien aushalten, Lügen aushalten, mich kleinmachen. Was brauchst du noch, um zu gehen?, fragt mich ein Freund, als ich wieder einmal mit Tränen in den Augen am Küchentisch sitze. Ja, was brauchte ich? Wir verkaufen uns nicht, zwinkerte mir auch mein Vater zu und hob dabei eine Augenbraue, während er vor mir stand in seinem schwarzen Rollkragenpullover, in schwarzen Jeans, die Hände in die Hosentasche gesteckt. Und wieder fragte ich mich, wer dieses Wir sein sollte, das klang wie ein Stamm, der mir jahrelang verborgen geblieben war. *Was brauchst du noch, um zu gehen?* Diese Frage formulierte ich Jahre zuvor als Aussage für meine Mutter: Lass dich scheiden. Geh.

Mit dreizehn fuhr ich mit meinem Fahrrad über die Landstraße, neben mir meine Freundin Emma, wir traten in die Pedale, wir ließen uns treiben, wir fuhren freihändig an Wiesen vorbei, an einem Zaun stand eine Ziege, die mit einem Seil festgebunden war. Bevor es durch den Wald ging, an einem Reitstall und einem kleinen See vorbei, kreuzten wir einen Militärflughafen, links und rechts die Beleuchtung zur Einweisung der Flugzeuge, einmal fuhren wir direkt unter einem landenden Flugzeug hindurch. Der Pilot war so nah, dass er uns aus seinem schmalen Cockpit zuwinken konnte. Im Sommer standen die Wiesen und Straßenränder voller Mohn und Kamille und die Sonne brannte uns im Nacken, wenn wir außer Atem die Arme auf den Lenker stützten und den Kopf nach vorne legten. Durch den Wald ging es durch Matsch und Schlaglöcher hin und her, die meine Mutter im Winter in ihrem kleinen Golf geschickt umfuhr, dann öffnete sich der Wald und hervor trat eine schmale Straße, die direkt zu den Pferden führen würde. Dort waren wir, Nachmittag um Nachmittag, und putzten und fütterten und ritten die Pferde über die Wiesen. Wenn wir nicht dort waren, dann waren wir bei Emma, in ihrem Garten, vor ihrem Zimmer auf der Terrasse, und bauten Teiche, Terrarien für Mäuse oder legten Fliegen in Gelatine ein. Alles war Glück und nicht nur ein flüchtiger Singsang, den ich mit skeptischem Blick auf Abstand hielt, als ich älter wurde. Doch jetzt war ich noch nicht einmal vierzehn Jahre alt. Ich lernte Emma kennen, ein Mädchen, vor dem ich Angst hatte, weil Emma all das tat, was ich auch tun wollte: Mitschüler anmeckern und über Lehrer lachen, sich die Haare grün färben und nicht wissen, wie die Hauptstadt von Italien heißt. Emmas Eltern liebten sie dafür. Emma war kein schwieriges Kind. Sie war ein lustiger Teenager, kein deprimierter, sie machte ein gutes Abitur und heiratete früh. Sie wurde eine meiner besten Freundinnen. Der Erfolg unserer Freundschaft kam schon nach wenigen Tagen in der Schule. In der großen

Pause gab ich einem Mitschüler während eines Streits einen Schubs. Zögerlich zwar und von außen gesehen sogar wie in Zeitlupe, doch ein Schubser war ein Schubser. Ich kann mich noch genau an das Bild erinnern, wie der andere Schüler in seinem blauen Pullover mit dem kleinen weißen Polohemdkragen sich die Schulter rieb und langsam rückwärts von mir wegging, ohne mich aus den Augen zu lassen. Das kriegst du zurück, hatte er gesagt, aber sich nie wieder auf einen Meter an mich herangetraut. Ich hatte mich gewehrt. Wenn ich allein durch die Wiesen streifte, sammelte ich Gewölle der Eulen ein, ich wusste, wo ich sie zu finden hatte, und legte sie in meinem Zimmer nebeneinander, um sie auf einem Stück Filz auseinanderzunehmen. Einmal hatte ich fast ein ganzes Mäuseskelett zusammenbauen können. Oft waren es nur wenige Knochen. Bei Emma vergaßen wir die Zeit, wir zeichneten Pferde, die wir auf dem Schulhof verkauften, wir blieben im Garten sitzen oder spazierten auf den Eisenbahnschienen hinter dem Haus. An einem Tag kam ein Zug so nah an uns heran, dass er laut dröhnte und Emma und ich sprangen rechts und links in das Gebüsch des Schienenwalls. Wenn wir die Tür ins Schloss fallen ließen und den Schlüssel vergaßen, half ich Emma mit einer Räuberleiter das Badezimmerfenster hoch, wir kippten das Fenster auf und Emma kletterte ins Haus. Wenn ich aus der Schule kam und die Minuten zählte, bis ich das Haus wieder verlassen durfte – um halb drei, war das Zimmer aufgeräumt, sind die Hausaufgaben gemacht? –, dann war ich frei und glücklich. Wenn ich an Emmas Haustür stand und klingelte, war ich glücklich. Wenn ich draußen war, war ich glücklich. Wenn ich zu den Pferden fuhr, war ich glücklich. Mein Vater, der Mann, von dem ich nichts wusste, der Mann, der mich jahrelang nicht gesehen hatte, stand am Straßenrand und sah mir dabei zu.

TRENNUNG

Wenn meine Mutter von ihrem eigenen Vater erzählt, dann klingt es, als würde sie von einem entfernten Verwandten sprechen. Ich kannte ihn als interessierten, wachen Opa. Ein Opa, der Schach mit mir spielte. Der mir von seiner Zeit als Soldat erzählte, nicht viel, und nur ausgewählte, wenige Geschichten. Die geschlachtete Kuh, der Hunger, der Flug bis nach Klagenfurt. Der tief melancholisch wurde, wenn ihn etwas berührte. Doch sie sitzt vor mir und sagt nüchtern: »Opa war autoritär. Er war laut und er hat mich geschlagen.« Ich wusste, dass alle ihre Brüder und meine Mutter Schläge bekommen hatten. Wofür? Für Ungehorsam. Für Fehler. Erst mit der Geburt des letzten Kindes veränderte sich ihr Vater. Ich frage: »Wovor hatte er am meisten Angst?« Meine Mutter schaut ins Leere und denkt nach. Dann sagt sie: »Vor Nähe. Einmal nahm er mich in den Arm. Da hatte ich in Biologie eine Eins geschrieben.« Auch mein Stiefvater hat mich ein einziges Mal in den Arm genommen. Ich hatte in seinem Lieblingsfach Chemie eine Eins geschrieben. Das Wichtigste ist Unabhängigkeit, hatte meine Mutter oft zu mir gesagt. Doch dieses Signal kam nicht von einer emanzipierten Frau. Es war ihr eigener Wunsch an sich selbst, den sie nicht verwirklichen konnte. Als sich meine Mutter von meinem Stiefvater scheiden ließ, war eine seiner ersten trotzigen Reaktionen: Was willst du denn allein? Daraus entwickelte ich meinen eigenen Trotz: Ich brauche keinen, ich kann alles allein. Noch heute fällt es mir schwer, jemanden um Hilfe zu bitten oder jemandem zu sagen: Ich brauche dich. Die Familie hat eine sichtbare Macht über uns – und eine unsichtbare. Sie ist das stärkste soziale Gefüge. Auch wenn wir sie ablehnen, richten wir uns nach ihr aus. Sie ist das Bezugssystem – auch in der Opposition. Deshalb stellen manchmal Erwachsene fest, dass sie nie wie ihre Eltern werden wollten – aber darüber vergessen haben zu erkunden, wer sie eigentlich sein wollen. Welche Bedürfnisse standen hinter meiner eigenen Beziehung? Ich denke wieder an bedingungslose Liebe. Ich denke an die Sehnsucht nach jemandem, der mich so nimmt, wie ich bin. Und der das, was ich im Leben liebe, mit mir teilen möchte. Aber wollen das nicht alle Menschen? Was ist eine bedingungslose Liebe? Eine vertrauensvolle, sich selbst genügende Liebe, doch dann denke ich plötzlich: Ich hatte mich einfach vergessen. Einfach vergessen für diese Liebe. Alle Bedürfnisse ausgeschaltet.

Die Familie, die für mich immer ein festes, undurchdringbares Gerüst war, hatte aus allen Himmelsrichtungen heraus ihre Entstehung gefunden. Da waren die Friesen, die Tschechen, die Schlesier. Dennoch ist die Vorstellung klar: Zuhause, das ist der Tisch an der Eckbank meiner Großeltern, hinter deren Lehne die Zeitungen gestapelt werden. Zuhause, das ist der Geruch, den ich schon an der Tür meiner Großeltern riechen konnte: der Geruch von warmen Kartoffeln,

Butter, Kuchen und der unverwechselbare Geruch von frischem, heißem schwarzen Tee. Dieser Tee, der es schafft, gleichzeitig nach Herbstlaub und nach Honig zu riechen. All das gibt es heute nicht mehr. Meine Großeltern kommen aus zwei unterschiedlichen Dörfern, aus zwei unterschiedlichen Ländern. Die Mutter meiner Mutter wurde an der Nordsee groß, während ihr Vater in einem Ort unterhalb der Schneekoppe geboren wurde, seine Familie entstammt einer Familie aus Prag. Andere Geschichten, andere Welt. Die Eltern meines Stiefvaters stammen aus dem nördlichen Königsberg und einem kleinen Dorf, das heute in Polen liegt. Es gibt kein Haus in unserer Familie, das schon seit Jahrzehnten oder Jahrhunderten steht. Es gibt keine Familie, die schon seit Jahrzehnten oder Jahrhunderten existiert. Es gibt keine Tradition außer dieser neuen, die ich nicht in Worte fassen kann, die seit siebzig Jahren existiert. Eine Tradition, die aus der Heimatlosigkeit entstanden ist. Aus Ängsten. Aus dem Krieg. Eine Tradition, die eine hohe Loyalität innerhalb der Familie schuf. *Ab jetzt gehörst du zu uns. Koste es, was es wolle.* In einer Gruppe wie der Familie, einer Gruppe, die einander vertraut, ein Geheimnis zu wahren, ein Geheimnis, das andere in der Familie ausschließt, ist ein Tabu. Es aufzuklären ebenso. Mein Leben wurde von einem Familiengeheimnis geprägt. Dieser Begriff, der so belastet ist, ist dennoch vielen Familien so nah. John Bradshaw beschreibt, mit welcher simplen Dynamik sich ein Geheimnis über mehrere Generationen auswirkt. Er beschreibt den realen Fall einer Frau Namens Peggy, die mit vierzehn Jahren ungewollt schwanger wird und das Kind nach der Geburt zur Adoption freigibt. Sie fühlt sich schuldig. Jahre später heiratet sie und bekommt ein Mädchen, Emily. Sie überwacht ihre Tochter, als diese in die Pubertät kommt und erste Beziehungen führt. Sie möchte nicht, dass ihre Tochter das Gleiche durchmachen muss wie sie. Emily wächst mit einer strengen Sexualmoral auf. Sie leidet unter der Strenge der Mutter und bekommt Jahre später eine Tochter, Jenny, die sie freizügiger erzieht. Jenny erlebt frühe Kontakte mit Jungs und wird mit vierzehn schwanger, treibt heimlich ab. Sie wird von Schuldgefühlen geplagt und schwört sich, dass ihre Tochter so etwas nie durchmachen muss. Und so weiter.[19] Das Klima der Familien der Nachkriegsgeneration war geprägt von Geheimnissen. Die Eltern, die den Kindern nicht vom Krieg erzählen wollten, um sie nicht zu belasten. Die Kinder, die die Eltern nicht nach den Kriegserlebnissen befragten, um sie nicht zu belasten. Fast jeder, der als Deutscher in dieser Zeit geboren wurde, kennt also ein familiäres Tabu. Die Mütter meiner Familie haben keinen festen Platz, einige sind vergessen. Mein Bruder trägt alle Vornamen seiner Väter und Großväter in seinem Namen. Ich trage keinen Zwischennamen. Die Mutter meines Großvaters war nicht existent, nicht auf Bildern, nicht in Geschichten. Nie sprach jemand über sie. Während die eine Großmutter aus Königsberg in einem schmalen Zimmer saß, die Füße auf dem Holzschemel, im grauen Rock und Schürze, und aus dem Fenster schaute, hatte ich von der Mutter meines anderen Großvaters kein Bild. Bis ich, wie so oft, als Teenager im Wohnzimmer meiner Großeltern saß, zwischen Perserteppich und schwarz gefliester Fensterbank, und meinen Großvater fragte: Wer war eigentlich deine Mama? Es war der einzige Moment, in dem ich meinen Großvater überraschte. Er seufzte, vielleicht lächelte er sogar gequält, aber seine Augen wurden feucht. Dann erhob er sich, um sich wieder zu setzen, und machte eine abwendende Handbewegung, wie wenn er aus der Zeit des Krieges erzählte. Vergessen wir das, sagte er dann. Oder: Na ja, es ist ja zum Glück lange vorbei. Oder: Lass uns nicht mehr darüber reden. Dann sagte er nichts. Bis er wieder ansetzte: Sie ist nach dem Krieg gestorben. Auf der Flucht?, frage ich. Er antwortet etwas, das ich nicht verstehen kann. In einer Scheune. Sie ist verblutet. Als das letzte Kind zur Welt kam.

Familiengeheimnisse haben in Deutschland eine besondere Bedeutung, weil sie hier auf einen kollektiven Erfahrungsschatz treffen, der sich über Generationen fortsetzt und oft belastend wirkt. Das Erbe des Nationalsozialismus und des Zweiten Weltkriegs, an dessen Ende eine traumatisierte, mit individuell ausgeprägtem Schuldgefühl belastete Generation stand. Deren Nachkommen, die Kinder- und Enkelgeneration, zu der ich mich zähle, müssen sich bis heute mit den Familiengeheimnissen auseinandersetzen, viele beeinflussen uns noch immer in der Art, zu handeln, zu bewerten und zu denken. Wie vergiftend sich allein das von den Nationalsozialisten gesetzte Ideal von Härte und Grausamkeit auf die nachfolgende Generation auswirkte. Selbst banale Tischsitten waren davon geprägt. Ich höre einen Freund meiner Mutter heute erzählen: Bei uns wurde Punkt acht Uhr, zwölf Uhr und achtzehn Uhr gegessen. Dazwischen gab es nichts. Und wer nicht pünktlich kam, der kriegte nichts. Es gibt mittlerweile eine große Anzahl an persönlichen Aufarbeitungen, in deren Zentrum das Verstehen der Autoren um die oft ideologisch geprägten Verhaltensweisen ihrer Eltern steht, unter denen sie gelitten haben. Erst die wissenschaftliche und in der Folge auch mediale Aufarbeitung, die in den frühen 1980er-Jahren begann, haben dazu geführt, dass Kinder und Enkel sich trauten, Fragen stellen. Und erst mit dem Lüften der Familiengeheimnisse, über Jahrzehnte ein in fast jeder deutschen Familie geltendes Tabu, begannen auch die nachfolgenden Generationen, ein Verständnis über das konsequente Hüten von Familiengeheimnissen durch die Kriegsgeneration zu entwickeln. Und auch wenn die Erfahrungen aus dem Krieg und der nationalsozialistischen Diktatur nicht ungeschehen werden: An dem Punkt, wo endlich über sie geredet wird, kann die Aufarbeitung beginnen. Wer weiß, was der Großvater im Krieg erlebt hat, welche Schuldgefühle ihn belasteten, kann Verhaltensweisen der Eltern oder Großeltern, unter denen man möglicherweise lange Zeit gelitten hat, plötzlich einordnen. Wenn Familiengeheimnisse aufgedeckt werden, verlieren sie ihre zerstörerische Macht. Nun waren die Erfahrungen des Nationalsozialismus in ihrer Intensität für die Menschen, egal ob auf Täter- oder Opferseite, einzigartig. Parallelen bestehen zur zweiten, jüngeren Diktatur in Deutschland, die 1989 ein Ende nahm und für viele Familien ein zerstörerisches Potenzial bereitete. Auch hier sind die Nachkommen mit Familiengeheimnissen konfrontiert, und deren Aufarbeitung wird noch einige Generationen brauchen.

Eine Frau wird meine Mutter

Meine Mutter und mein Vater sind seit dem Sommer 1975 ein Paar. Wenn auch eines, das keinen Alltag hat. Mein Vater führt tagsüber ein Geschäft, meine Mutter arbeitet aushilfsweise in einer Boutique. Und sie treibt vor allem Leistungssport. Es gibt kein Händchenhalten, keine gemeinsamen Morgen, keine gemeinsamen Tage. Der Sport hilft meiner Mutter. Seit ihrer frühen Jugend ist das ihr Alltag. Ihre Schuhsohlen sind stets rot von der Aschenbahn, ihre Sportklamotten hängen über ihrem Stuhl. Um fünf Uhr aufstehen, vor der Schule auf dem Sportplatz mit der Trainerin ein paar Runden laufen, Sprints üben, dehnen, strecken, Ausdauer trainieren, das alles ist nicht nur Alltag, sondern Identität. Auch nach der Schulzeit, nach der Ausbildung und nach dem Auszug aus dem Elternhaus trainierte sie weiter. Bis eines Tages ihre Zeiten schlechter wurden. »Was ist los mit dir, Mädchen?«, fragt der Trainer und schaut auf die Uhr, die ein paar Sekunden mehr draufhatte als noch am Tag zuvor. Meine Mutter, die sonst Spitzenzeiten läuft und zu Meisterschaften eingeladen wird, verliert Woche um Woche, Tag um Tag ihre Kraft. Vielleicht ist es eine Grippe, tippt der Trainer und schickt sie zum Arzt. Als meine Mutter aus der Praxis kommt, weiß sie, dass es keine Grippe ist: Sie ist schwanger. Und sie ist bereits im dritten Monat.

Wir schlafen miteinander. Doch wenn ich in den Schubladen nach etwas suche, nach einer Schere, nach Tesafilm oder einem Löffel, dann fühle ich mich wie eine Fremde. Dennoch halte ich mich an allem fest, was uns verbindet. Es gibt eine Illustration, die zeigt, was Paare zusammenhält: die Ablehnung der gleichen Dinge. Dieses Wir gegen den Rest der Welt. Alles Wünsche: Du und ich. Zusammen, zu zweit, zu dritt. Zu viert. Zu fünft. Sich gegenseitig lieben für das Leben des anderen. Mit der Aufregung in Ruhe zusammensein können. Er zeichnete und ich schrieb. Doch so war es nicht. *Er* zeichnete. Mein Schreiben wurde unsichtbar. Und ich als Schreibende war nicht mehr da. Er breitete die Papiere auf dem Fußboden aus, er telefonierte mit der Galerie, Sammler kamen ins Haus, ein paar Bekannte besuchten ihn – nicht als Freund, sondern als Künstler. Ich dachte, er war stets in seiner Rolle und alles an ihm und in der Wohnung füllte es aus. Eine Freundin macht Fotos von uns. Wir liegen da, nebeneinander auf dem Bett. Ich in einem Kleid, die Sandalen bis an die Knöchel, sein Arm stützt sich aufs Bett, sein Blick geht ins Leere. *Die ganze Zartheit unserer Zeit.* So steht es da, auf dem Umschlag, den uns die Freundin geschenkt hat.

Die Erinnerungen an meine Mutter als junge Frau sind mit der einer Ehefrau und Mutter verknüpft. Als mein Bruder ein oder zwei Jahre alt ist, läuft er durch die Wohnung, meiner Mutter hinterher. Er ist kugelrund und lacht viel und meine Mutter drückt ihn und herzt ihn, und wenn ich aus dem Kindergarten komme, dann sitzen wir am Küchentisch, wir drei, und meine Mutter füttert meinen Bruder, während ich den Spinat zusammenschiebe, um ihn mir in den Mund zu stecken. Manchmal kommen Nachbarinnen zum Kaffee, dann sitzen sie da in der Küche und reden, während wir spielen. Meine Mutter zieht uns an, kocht, bastelt kleine Papiersterne zu Weihnachten und putzt uns den Mund ab. Sie legt uns ins Bett und streicht uns übers Haar, wenn wir schlafen. Was wünscht sich eine junge Frau, wenn sie erwachsen wird? Was wünschte sich meine Mutter? Es ist das Jahr 1972. Meine Mutter ist achtzehn Jahre alt. Sie hat sich den Mantel übergezogen und wartet an den zwei Gleisen des städtischen Bahnhofs auf den Zug, der sie zur nächstgrößeren Stadt bringen wird. Dann wird sie den Zug nach Berlin nehmen, um ihren großen Bruder zu besuchen. Nach Berlin. Durch die DDR nach Westberlin. Eine Transitreise. Sie ist aufgeregt, vor Angst und vor Freude. Ich wollte diese Aufregung spüren, sagt sie heute. Ich wollte reisen. Sie hat ihren Bruder lange nicht gesehen. Den ältesten. Er war geflohen, vor der Bundeswehr und seiner Familie. Sie sehnt sich nach ihm. Meine Mutter erzählte, einen Verbündeten gibt es unter ihren Geschwistern nicht. Auf die ältere, kranke Schwester muss sie aufpassen, die anderen Brüder spielen Handball, treffen Freundinnen. Die jüngste Schwester ist zu klein. Ihr jüngerer Bruder erzählt, wie er dennoch mit ihr ein gegenseitiges Vertrauen aufbauen konnte: Wenn wir achtzehn sind, gehen wir nach Amerika!, hatte er ihr gesagt. Diejenigen, die an meine Mutter glauben, sind die Sportlehrer, die sie jeden Morgen vor der Schule trifft. Sie sind oft bei meinen Großeltern und sagen: Fördert sie! Sie hat Talent. Doch mein Großvater winkt ab. Die Reise nach Berlin wird aufregend: Die Grenzbeamten kontrollieren ihren Pass, der ist nicht rechtmäßig abgestempelt. Meine Mutter muss warten und hofft, weiterreisen zu dürfen. Sie darf. Als der Zug im Bahnhof Zoo einrollt, ist ihr Bruder noch nicht da. Da steht sie in einer fremden Stadt, in einem Land, das von einer Mauer umzäunt ist. Als ihr Bruder endlich den Bahnsteig betritt, sackt ihr Herz nach unten. Sie erlebt das Kreuzberg der 1970er-Jahre. Ihr Bruder lebt in einer schönen großen Altbauwohnung, daran erinnert sie sich sofort. David Bowie nimmt unweit der Gegend sein Album auf. Sie besuchen Kneipen, klettern über Mauern in Hinterhöfe. Besuchen die Mauer am Brandenburger Tor. Die Grenzpolizisten mit den Maschinengewehren, der Stacheldrahtzaun machen ihr Angst. Doch auf einem Schwarz-Weiß-Foto aus Berlin lächelt sie in die Kamera: Es ist ein ehrliches, freies Lächeln. Warum ist sie nicht auch nach Berlin gegangen? Warum ist sie zu Hause geblieben? Sie hätte die Möglichkeit gehabt. Meine Mutter wurde von der Volljährigkeit überrascht. Erst seit dem 1. Januar 1975 galt die Volljährigkeit ab achtzehn Jahren. Vorher mussten Jugendliche auf das einundzwanzigste Lebensjahr warten, um selbstständig ins Leben zu gehen. Doch die Erwartungen von außen, wie sich eine Frau zu benehmen hatte, übten mehr Druck auf meine Mutter aus, als die Volljährigkeit ihr Freiheit geben konnte.

Die Soziologin Helge Pross veröffentlichte 1974 die Studie »Die Wirklichkeit der Hausfrau. Die erste repräsentative Untersuchung über nichterwerbstätige Ehefrauen: Wie leben sie? Wie denken sie? Wie sehen sie sich selbst?« Es ist die Wirklichkeit meiner Großmutter und damit auch die Wirklichkeit meiner Mutter in den Jahren ihres Aufwachsens. Die Durchschnittshausfrau, so schreibt Pross, macht ihren Haushalt allein, ohne fremde Hilfe.

»Jeden Tag bereitet sie drei Mahlzeiten zu. Gründlich geputzt wird einmal in der Woche, gewaschen zweimal, gelegentlich auch dreimal. Dreimal in der Woche geht sie einkaufen. Die Fenster putzt sie zwei Mal im Monat.«[20] Helge Pross befragte Frauen – über alle Klassen hinweg herrschte Ödnis. Außenkontakte gab es, abgesehen von anderen Müttern und den Kindern, kaum.»Ich sehne mich nicht nach einer ausgesprochenen Berufstätigkeit, sondern nach einer Ansprache«, sagt eine Frau.»Es ist alles ein bisschen eintönig«, erzählt eine Mutter in der Diskussion. Die Frauen sind frustriert, gelangweilt und fühlen sich von einem Leben, das jenseits ihrer Welt stattfindet, ausgeschlossen. Zudem wird der eigene Raum entwertet:»Wenn die Frau nur zu Hause ist, stimmt es, dass die Frau langsam verblödet. Irgendwie kommt man nicht mehr mit den Leuten zusammen, man hat keinen richtigen Kontakt, man weiß nicht, was unter Arbeitskollegen geschieht, wie sie sich unterhalten. Nur daheim, nur die Kinder, nur den Mann, es wäre angebracht, wenn eine Frau nach einer gewissen Zeit wieder rauskommt.« Was klingt wie ein Gefängnisaufenthalt, war in der Zeit, in der meine Mutter meinen Vater kennenlernte, Alltag. Sprachliche Herabwürdigungen ebenfalls: Eine Frau gehört in die Küche, das sagten Männer nicht nur im Spaß. Blöde Sprüche, sagt meine Mutter heute. Damals hat sie es nicht gesagt. Dass sie es besser machen wollte, erscheint jetzt, im Rückblick, genauso verständlich wie beinahe aussichtslos. Als meine Mutter zu einer jungen Frau heranwuchs, war nicht nur der Alltag in einer Familie von der fehlenden Gleichberechtigung bestimmt. So schrieb der Psychoanalytiker Erik H. Erikson im Jahre 1968: »Die Identität einer jungen Frau bestimmt sich zu einem großen Teil dadurch, wie sie auf den Mann (oder die Männer) wirkt, von dem sie gesucht werden möchte, und durch die Art, wie sie ihre Auswahl trifft.«

In den 1990er-Jahren riecht mein achtzehnter Geburtstag nach Oktobersonne und pudrigem Jil-Sander-Parfum. Die CDs von My Bloody Valentine, Prince und The Smiths liegen auf dem Fußboden. Ich bewundere Hannah Arendt ebenso wie die ersten Supermodels. Meine Pop-Heldin ist Musikerin, heroinsüchtig und hat mit Blur-Sänger Damon Albarn eine Beziehung: Justine Frishman, die Sängerin der Band Elastica, groß, dunkle Augen, schwarzes Hemd, schwarze Jeans, Tomboy. Ich habe erstmals einen Computer, der Monitor ist riesig. Windows 3.1. Auf dem Schreibtisch liegen Disketten. Mein erster Freund fährt einen alten Mercedes und schreibt nach unserem ersten Treffen meine Telefonnummer auf seine Windschutzscheibe. Feminismus ist uncool, er riecht nach alten Weibern. Es gibt dennoch Wut und Aktivismus. Ich lese *Das rosarote Mädchenbuch* von Hedi Wyss – eine Art Geschichtsbuch über die Frauenbewegung.[21] In den USA entsteht die Riot-Grrrls-Bewegung. Mädchen mit Gitarren in viel zu kurzen Blümchenkleidern und Doc Martens besetzen die Bühnen und prangern den Sexismus im Musikbusiness an. Ich färbe mir die Haare rot und trage Stiefel zu Kleidern. Musik wird plötzlich zu einer ganz anderen, neuen Form des Feminismus. Heute erscheint es mir fast lächerlich, wenn Frauen mit überschminkten Gesichtern und kurzen Röcken ihren Platz auf der Bühne beanspruchten. Aus den Riot Grrls wurden Girlies. Aus den Girlies ein Mainstream. Ich sehe mir ein Elastica-Video auf YouTube an: »Stutter« von 1995, es zeigt die Band, ganz in Schwarz, mal durch die Straßen laufend, mal auf der Bühne. Mädchenpunkbritpop. Das Gefühl, wieder jung sein zu wollen, ist wie Heimweh nach mir selbst. Es ist dem Gefühl des Verliebtseins so nahe. Als ich achtzehn wurde, wurden meine Schultern gerader, mein Rücken war durchgedrückt. Auf meinem rechten Knie hatte sich eine feine weiße Narbe festgesetzt, ein Sturz von meinem gelben Skateboard. Wie eine Erinnerung an meine Kindheit. Ich war aus einer Welt gekommen und in eine andere gegangen. Allein aus dem Grund, weil ich es durfte. Ich suchte mir ein Studienfach aus und wartete auf den Moment, an dem ich meinem Kinderzimmer hinterhertrauern würde. An Liebe hatte ich nicht gedacht.

Als ich Jahre später in seinem Auto sitze und der Mann neben mir sitzt, die Fenster sind geöffnet, wir pusten Rauchkringel in die Luft, ist Liebe dieses eine nicht fassbare Etwas, das ich mit allen Mitteln halten möchte. Im Hintergrund Todd Rundgred:

Hello, it's me, I've thought about us for a long, long time
Maybe I think too much, but something's wrong, There's
*   something here that doesn't last too long*
Maybe I shouldn't think of you as mine.

Wie er mich mit seinem Auto vom Bahnhof abholte. Ein alter, dunkelblauer Oldtimer. Er hielt nicht auf dem Parkplatz, er hielt einfach mitten auf der Straße an. Stieg aus. Kam mir entgegen. Die anderen Autos hupten, Taxifahrer stiegen aus und reckten die Fäuste in die Luft. Ich lächelte. Hatte mein Vater nicht auch immer ein auffälliges Auto gefahren? Er tut es heute noch. Ein viel zu schnelles Cabrio? Holte er meine Mutter nicht auch von zu Hause ab? Oder fuhr er nur vorbei, mit quietschenden Reifen, die meinen Großvater wütend machten, während meine Mutter oben in ihrem Zimmer saß und lächelte? War es so? Ich kenne die Bilder des Sportwagens. Rot-weiß. Ich kenne die Erzählungen von meinem wütenden Großvater. Heute können alle darüber lachen. Mein Vater, der lange schlaksige Kerl. Er ist damit Rennen gefahren. Quer durch die Provinz. Souverän, unsicher. Selbstgefällig? Tiefblaue Augen, dunkle Augenbrauen. Ein bisschen Rebell sein, anders sein, für etwas einstehen. Das zog meine Mutter an. Es zog mich an. Und beide, meine Mutter und ich, überhöhten die Rebellen. Auch meine Tomboy-Heldin aus den 1990ern steckte zurück: Justine Frishman erzählt in einem Interview mit dem *Guardian,* wie sie unter der Rolle der »Freundin von« litt.[22] Sie erzählt, wie sie sich selbst in Marianne Faithfull wiedererkannte, als sie deren Autobiografie las. Einen sehr berühmten Freund zu haben – Faithfull: Mick Jagger, Frishman: Damon Albarn – und gleichzeitig das eigene Leben als Sängerin aufzugeben, das war Frishman sehr bekannt. Es fehlte ihr, wie auch Faithful, an der Lust und Kraft zu konkurrieren. »Ich glaube, das ist eine ziemlich weibliche Sache«, erzählt Frishman im Interview. »Wenn du von Männern mit starkem Konkurrenzdenken umgeben bist, dann denkst du dir irgendwann einfach: Scheiß drauf, das tu ich mir doch erst gar nicht an.« Es gibt eine schöne Passage im Briefwechsel zwischen der Philosophin Hannah Arendt und der Schriftstellerin Mary McCarthy. Hannah Arendt versuchte immer, ihre Freundin vor dem Schmerz des Liebeskummers zu retten. Sie schreibt, bei Männern sei die Begabung entscheidender als die Unzuverlässigkeit *oder gleiche sie zumindest aus.* Für den Rebellen ohne Genie jedoch, dessen Wert nirgends in der Gesellschaft anerkannt ist, werde das Leben zwecklos. Deshalb könne »Selbstzerstörung und Selbstzerstörerisch-Werden ein zeitfüllender und durchaus ehrenvoller Job« sein. Ehrenhafter und wahrscheinlich weniger langweilig, als sich selbst zu retten. Eines allerdings sei wirklich nicht erlaubt: andere Menschen in diesen Zeitvertreib mit hineinzuziehen. So habe Mary McCarthy abgeschreckt werden müssen. »Du kannst von jemandem, der dich liebt, nicht erwarten, dass er dich weniger grausam behandelt, als er sich selbst behandeln würde«, schreibt Arendt. Ich war überzeugt, Mary McCarthys Sehnsucht war nicht weniger als meine Sehnsucht. Und nun war diese endlich erfüllt worden.

Der Tag, an dem ich Mutter wurde

Es war eine seltsame Sorglosigkeit, mit der wir im Café saßen. Die Reise nach Wien war anstrengend gewesen. Ich würde heute nach Hamburg zurückfahren und alles, jede Träne, jedes Schweigen, jede Distanz war in diesem Moment vergessen. Das Café lag an einer Straßenecke in Berlin-Mitte, es war stets voll und wir hatten uns oft hierhergesetzt, um einfach woanders zu sein. Bei einem dieser Treffen hatte ich das grün-rosa karierte Hemd getragen, das ich nach unserer ersten Nacht getragen hatte. Ich war in meinen Sandalen über die Straße gelaufen, er hielt mich im Arm. Der Asphalt war so heiß, dass die Hitze über ihm schimmerte. Ich strich meine Sonnenbrille von der Nase in die Stirn. Ich würde mir eine Wohnung in Berlin suchen, das hatte ich beschlossen. Nun saßen wir dort und machten Witze über Namen unserer zukünftigen Kinder. Wir wollten Kinder. Seit der Nacht im August, in der wir vor dem türkischen Restaurant saßen. Seid ihr nicht verrückt? Ist das nicht ein bisschen schnell? Wollt ihr nicht noch warten?, hatten Freunde gesagt, doch wir hörten nichts und ließen uns einfach weitertragen, wie auf ein Schiff, das durch Berlin segelte. Ich schaute immer wieder auf mein Telefon, um die Abfahrtszeit im Blick zu behalten, dann nahm ich meine Tasche und sagte: Lass uns zum Bahnhof fahren. Wir liefen Arm in Arm über den Bürgersteig, wir stiegen ins Auto und er sagte, er wolle noch etwas abholen, wir fuhren zur Spree, hielten an einer Lagerhalle und er prüfte einen Bilderrahmen für eine Zeichnung, dann stiegen wir wieder ein und ich kurbelte das Fenster herunter und sagte: Riechst du das auch? Nein, er schüttelte den Kopf. Ich sagte: Es riecht komisch. Aber es roch nicht komisch. In dem Moment wusste ich: Ich bin schwanger. Und ich sagte es: Ich bin schwanger. Er sah mich an. Okay, dann fahren wir jetzt einen Test kaufen. Wir wendeten den Wagen, wir vergaßen die Bahn und ihre Abfahrtszeit und hielten an einer Apotheke, ich kaufte den Test, dann stieg ich wieder ins Auto und wir fuhren in seine Wohnung zurück. Ich gehe ins Badezimmer und mein Herz klopft bis zum Hals. Es erscheint ein Strich und der zweite leuchtet schon auf, als ich denke: Ich weiß es doch, ich weiß es doch. Ich öffne die Tür, und er sieht mich an und ich zeige ihm den Test, dann beginne ich zu weinen. Er nimmt mich in den Arm und lächelt. Er lacht sogar. Die Aufregung lässt meine Knie zusammensacken und seine Knie und wir legen uns aufs Bett. Wir starren an die Decke und umarmen uns. Dann ziehst du jetzt zu mir, sagt er leise und streicht mir die Haare aus dem Gesicht. Ich erinnere mich an meine eigenen Worte, als mich eine Freundin fragte, wie es ist, schwanger zu sein. Ich sagte: Dass mir so etwas Schönes passiert, hätte ich nicht für möglich gehalten. Der Vater meines Kindes lächelte. Jetzt bleibst du bei mir, hat er gesagt. Meine Mutter, so erzählt sie mir später, hörte in dieser Zeit auf, mich anzurufen. Als ob sie eine Vorahnung gehabt hätte. Ich hatte Angst, sagt sie. Wovor?, frage ich. Meine Mutter war, nach dem Vater meines Kindes, die Erste, der ich von der Schwangerschaft erzählt hatte. Ein Ausklammern wäre ein Affront gewesen, eine andere Reihenfolge ebenfalls. Wir sagen »tief im Innern«, wenn wir so etwas denken – tief im Inneren wissen wir, dass es wichtig ist, und meinen damit nicht mehr als die Loyalität gegenüber unseren Familienmitgliedern. Und auch wenn die Freude über die Schwangerschaft überwog, hatte ich andere Erwartungen an dieses Gespräch als an das Gespräch mit meinem Bruder, mit meinem Onkel oder meinen besten Freunden. Meine Mutter sollte sich mit mir freuen. Sie sollte begeistert sein, während ich vor der gelben Hauswand mit zerbröckeltem Putz eines Restaurants in Berlin stand, neben mir ein Baugerüst, Baulärm, während ich telefonierte. Ich war von der Tochter zur Mutter geworden. Meine Mutter sagte: Oh. Das ist ja toll. Doch ich spürte ihre Freude nicht so, wie ich die Freude der anderen spürte. Ich weiß nicht, ob der größte Triumph meiner Mutter ihr selbst bewusst ist. Ich sehe vieles in meinem Vater, was mir nah ist. Ich sehe ihn und ich sehe darin mich. Aber meine Mutter hat meine Abhängigkeit.

Eltern haben es in der Hand, ihr Kind mit Selbstwertgefühl auszustatten. Sehr oft fehlt ihnen aber nicht nur der Wille dazu, sondern auch das Vermögen. Ein Grund, warum auch fehlendes Selbstwertgefühl ein Familienerbe sein kann. Der Psychotherapeut Peter Teuschel zitiert in diesem Zusammenhang den Titel »Flieg nicht zu hoch, mein kleiner Freund«. Wenn perspektivische Wünsche oder Sehnsüchte der Kinder den Erwartungshorizont der Eltern übersteigen, treten diese lieber auf die Bremse, statt sie zu unterstützen. Oft ist Angst die Motivation, das Kind könne den eigenen Ansprüchen nicht genügen und scheitern. Die eigenen Kinder zu Konformität und Mittelmäßigkeit zu verpflichten ist auch eine Form, Macht und Kontrolle über sie auszuüben. Die Wirkung für das Kind ist verheerend: Meine Eltern trauen mir nichts zu, also kann ich nichts, also bin ich nichts wert. Was war meine Mutter ihren Eltern wert? Sie war eine herausragende Leichtathletin, aber nicht einmal das schienen ihre Eltern zu würdigen. Hat meine Mutter um die Liebe ihrer Eltern gekämpft und war es für sie deshalb so schlimm, weil sie durch die Schwangerschaft nur bewiesen hatte, dass sie die Liebe nicht verdient hatte? Wie traumatisch muss es für meine Mutter gewesen sein, im Moment ihres größten Glückes diese Enttäuschung zu erleben. Welche Fallhöhe. In dem Moment, wo sie endlich die Kraft hatte, sich zu emanzipieren, ist sie dazu verdammt, zu ihren Eltern zurückzukehren. Hatte sie wirklich keine andere Wahl? Und meine Fallhöhe? Ich stand genauso an dem Punkt, an dem sie stand. Das Gefühl, es endlich geschafft zu haben. Der Traum von der Familie, von Geborgenheit und einem Zuhause. Alles weg.

Wer ist meine Mutter?

Eine Mutter, die ihr Kind zum ersten Mal betrachtet, sieht nicht nur ein Kind, sondern ein eigenständiges menschliches Wesen. Es ist nicht die Hälfte des einen und die Hälfte des anderen, es ist etwas ganz Eigenes. Wenn ich an die stärksten Eigenschaften meiner Mutter denke, fällt es mir schwer, positive Eigenschaften zu sehen. Ich denke an Unsicherheit, an Angst. Angst vor allem, vor Konsequenzen, vor denen ihres Mannes. Auch heute noch sehe ich sie auf Dinge verzichten, weil sie Angst hat. Ich denke: weich. Auch im positiven Sinne. Ich denke auch: Liebe. Aber auch: undurchsichtig, unvorhersehbar. Sie vertraut niemandem. Als ob sie nur sich selbst vertraut. Ich denke an meinen Wunsch, die Dinge unter Kontrolle zu haben. Durch welche Geschichten, Erfahrungen und Beschreibungen ist meine Mutter zu der Person geworden, die ich als meine Mutter wahrnehme? Je länger ich mit meiner Mutter über ihr Leben spreche, desto mehr fällt mir auf, wie wenig ich von ihr weiß. Wer waren ihre Vorbilder? Welche Musik hört sie eigentlich? Ich stelle mir vor: Ich sitze vor meiner Mutter, vielleicht am Küchentisch, das Licht ist schwach, ich frage mich, warum sie die Glühbirne nicht austauscht, und ich frage sie: Was ist eigentlich dein Lieblingslied? Ich denke, das habe ich sie noch nie gefragt, ist das nicht komisch? Eine Frage, die man gerne stellt, wenn man jemanden kennenlernt. Ein Lieblingslied hat jeder. Ich weiß gar nicht, was sie für Musik hört. Oder welche Musik sie gehört hat, als ich auf die Welt kam. Gibt es ein Lied für mich? *I Am Sailing* von Rod Stewart, das war das Lied, das mein Vater ihr auf der Gitarre vorspielte, das sie in Endlosschleife auf dem Plattenspieler hörten. Das ist die Musik ihrer Liebesgeschichte. Aber ihre ganz eigene Musik? Vielleicht interessiert sie sich auch gar nicht dafür. Als ich sie frage, guckt sie mich erstaunt an. Ich sehe ihre dunklen Augen, ihr leicht erstauntes Gesicht, sie stützt den Ellenbogen auf den Tisch, während sie sich kurz aufrichtet und antwortet: »Mein Lieblingslied? Puh, warum möchtest du das denn wissen?« Ich dachte gerade, antworte ich, dass ich das nicht von dir weiß. Einfach deshalb. Nun sagt sie: Oh, da erwischst du mich auf dem ganz falschen Fuß. Und ich nicke verständnisvoll, obwohl ich gar nichts verstehe. Dennoch hake ich nach: Oder eine Musikrichtung. Was hörst du gern? Sie antwortet: Oh, da gibt es ganz viele. Was habe ich denn noch kürzlich im Radio gehört? Es ist, als ob ich sie nicht zu fassen kriege.

Frage ich Freundinnen nach ihren Müttern, bekomme ich oft von einer ambivalenten Beziehung zu hören. Sie ist Vorbild und doch keins. Sie ist die geliebte Mutter und doch die Lieblose. Das Urteil ist oft hart und wertend. Frage ich: Fühlst du dich ihr überlegen?, nicken viele Frauen, einige zögerlich. Es ist ein Nicken, das die meisten sich sicher sparen möchten. Denn Mütter, unsere Mütter, waren zumeist in einer klar definierten Rolle, die der Hausfrau und Mutter. Sie waren nicht die Vorbilder, nach denen Töchter sich in den 1970ern oder 1980ern gesehnt haben. Selbst diejenigen, die arbeiteten, galten oft als Rabenmütter. Auch heute noch sind Frauen diejenigen, denen ein geringerer Wert zugeschrieben wird, in der Gehaltsstufe, in der Karriere, in der Rolle als Mutter. Signe Hammer beschreibt in *Töchter und Mütter* eine Zeit, in der eine »individuelle Identität« von Männern wie auch von

Frauen dem Mann zugeordnet wird, Frauen hingegen aufgrund ihrer Beziehung zu anderen definiert werden.²³ Aufgrund ihrer Beziehung zu Männern, oder als Mutter: zu ihrer Beziehung zu den Kindern. Es klingt wie eine Zeit, die lange vorbei ist. Es ist die Zeit, in der meine Mutter mich zur Welt gebracht hat. Hammer gehört zu den Ersten, die den Einfluss der Mütter auf Töchter analysierte. Sie ist ein Teil jener Frauenliteratur, die die zweite Welle des Feminismus ausmachte. In dieser Zeit, die Mitte der Sechzigerjahre begann, waren Frauen in gesellschaftlich einflussreichen Positionen wie in der Politik, Wissenschaft oder Wirtschaft kaum repräsentiert. Frauen durften bis 1962 ohne Zustimmung des Mannes kein eigenes Bankkonto eröffnen. Mädchen aus Arbeiterfamilien kamen selten auf weiterführende Schulen. Insgesamt studierten deutlich mehr Männer als Frauen. Und Frauen, die sich etwas dazuverdienten, waren bis 1977 gesetzlich dazu verpflichtet, den Ehemann um Erlaubnis für ihre Berufstätigkeit zu fragen. Die erste Welle des Feminismus – die Frauenrechtlerinnen wie die Suffragetten, der Kampf um das Frauenwahlrecht – erlas ich mir. Max Frisch schreibt in seinen Tagebüchern in den 1960er-Jahren:

Was trauen Sie der Frau nicht zu:

a. Philosophie?
b. Organisation?
c. Kunst?
d. Technologie?
e. Politik?

und bezeichnen Sie daher eine Frau, die sich nicht an Ihr männliches Vorurteil hält, als unfraulich?[24]

Eine Tochter lernt über ihre Mutter, wie es ist, eine Frau zu sein. Ich lernte, dass ihr Frauenbild nicht glücklich macht, und handelte stets in Opposition zu meiner Mutter. Sie war die Schwache. Ich war die Mutige. Die, die vorpreschte, wenn andere sich zurückzogen. Ich übernahm Verantwortung. Auch für sie. Bis heute bin ich davon überzeugt, meinen Nachnamen bei einer Heirat nicht abgeben zu wollen. Meine Mutter hat sich ihren Mädchennamen vor Kurzem zurückgeholt. Als ob ich gegen all das, was die Lebenswirklichkeit meiner Mutter ausmachte, protestieren wollte, entwickelte ich mich als Mädchen zu einer starken Anführerin, zu einer Art roten Zora. Die rote Zora war, ähnlich wie Astrid Lindgrens Ronja Räubertochter oder Pippi Langstrumpf, eine Mädchenfigur, ein auf sich gestelltes, aber freies mutiges Kind. Das Jugendbuch von Kurt Held, das ich als Kind als Fernsehserie sah – *Die rote Zora und ihre Bande* –, erzählt die Geschichte von einer Gruppe von Waisenkindern in einer kroatischen Küstenstadt. Die rote Zora ist ihre Anführerin. Sie leben in einem Versteck und ernähren sich durch Raubzüge. Das Küstendorf behandelt die Kinder wie Ausgestoßene. Der Einzige, der sich mit den Kindern verbunden fühlt, ist ein alter Fischer. Zora ist erst dreizehn, aber mutig wie eine Erwachsene. Sie befreit ein eingesperrtes Kind und trickst die Dorfbewohner aus. Sie ist kriminell, ihrer Bande gegenüber jedoch hochloyal. Ich war die Zora. Ich führte meine Kinderbande an. Ich kletterte auf Bäume. Auf den höchsten Punkt. Ich traf Entscheidungen. Jahre später war es ein *Nicht anpassen.* Gegen etwas sein. Und loyal für die eigene Gruppe einstehen. Oder die größere Idee. Als Teenager weigerte ich mich, bei einer von der Schule organisierten Demonstration mitzulaufen. Ich verstand den Sinn der Veranstaltung nicht. »Was soll der selbstgefällige Lauf, wenn sich eh nichts ändert?«, fragte ich meinen Englischlehrer vor der Klasse. Demonstrativ blieb ich im Klassenzimmer sitzen, während sich Hunderte von Schülern zu einem Protestmarsch in der Stadtmitte zusammengefunden hatten. Ich war damals in Patrick, den einzigen Redakteur der Schülerzeitung, verliebt. Ob er mochte, was ich tat? »Bleib doch bei mir«, hatte ich ihm im leeren Klassenzimmer angeboten. Es gab viele feste Bilder in meiner Jugendzeit, er passte in das Bild des coolen amerikanischen College-Studenten. Doch Patrick blieb nicht: »Es ist meine Pflicht, dabei zu sein. Es ist meine Pflicht zu berichten«, hatte er gesagt und dabei dennoch gelächelt, als wolle er sagen: »Ich kann nicht anders. Aber du, du bist wunderschön.« Oder war es doch:

»Ich werde gebraucht, und dich brauche ich nicht.« Ich habe danach nicht mehr viel von Patrick gehört. Er hatte früh Kinder bekommen. Ich stelle mir seine Familie vor, sie fährt einen Kleinwagen, er nur Fahrrad. Was er heute macht, weiß ich nicht. Nur, dass er nicht Journalist geworden ist. Heute sitze ich zwischen Regalen an einem Schreibtisch und habe doch alle Ideale fallen gelassen. Was bleibt, ist der Blick auf die anderen.

Loyalität ist ein feines Band, das sich zwischen Eltern und Kindern spannt. So fein, dass man es oft nicht sehen kann. In *Die Sprache der Familientherapie* heißt es zu Loyalität: »Ein Gefühl der Verbundenheit und Verpflichtung, das die Klammer zwischen den Bedürfnissen und Erwartungen eines sozialen Verbandes, z. B. der Familie, und dem Denken, den Gefühlen und Motivationen jedes einzelnen Verbandsmitgliedes als Person herstellt. Loyalität ist eine ethische Form der Bindung. Sie macht verständlich, wie eine Familie über Generationen hinweg ihre Kontinuität und Kohäsion wahrt, Verhaltensmuster, Wertvorstellungen und Aufträge tradiert und eventuell dysfunktional wird.«[25] Habe ich mich meiner Mutter gegenüber loyal verhalten, indem ich ihr Beziehungsmuster wiederholt habe? Habe ich es überhaupt wiederholt, oder suche ich nur nach einer Erklärung für mein Verhalten? Die ersten vierzehn Jahre eines Lebens vergehen im Rückblick wie im Rausch, manchmal erinnere ich mich in dieser Zeit an Geburtstagsfotos: das brave Kind vor dem Tisch mit den Geschenken. Diese tiefe Dankbarkeit, die mich immer bedrückte. Ich sehe mich in Gummistiefeln und knallbuntem Anorak am Ufer eines Flusses stehen, neben mir Freunde, meine erste Clique. Kindergesichter, mit Mützen tief ins Gesicht gezogen, rote Wangen. Ich vorneweg. Draußen mutig. Und in der Familie? Mit vierzehn Jahren trat ich erstmals in die Verweigerung. Eine Woche lang redete ich nicht mit meinen Eltern. Kein einziges Wort. Meine Eltern lagen nachts wach. Ich hörte, wie mein Stiefvater sagte: Vielleicht möchte sie einfach abends länger wegbleiben? Ich lag in meinem Kin-

derzimmer und dachte, was so viele Teenager denken: Sie
verstehen mich nicht. Ich wollte verstanden werden. Wollte
Kontakt. Und wählte den Kontaktabbruch. Ich hatte nichts
anderes gelernt. Aus der Beziehung heraustreten und sich
nicht mehr blicken lassen. Aus den Augen. Aus dem Sinn.
Wie viele Mütter verschweigen heute ihren Kindern den richtigen Vater? Wie viele Väter ziehen sich von ihren eigenen
Kindern zurück? Kinder verhalten sich loyal gegenüber den
Eltern, wenn bestimmte Voraussetzungen erfüllt sind. Loyalität von Kindern den Eltern gegenüber bildet sich auf Grund-
lage von Gegenseitigkeit und Fairness.[26] Eine loyale Bindung
zwischen Eltern und Kind kann nur funktionieren, wenn die
Eltern selbst in ihren frühesten Beziehungen Vertrauen erfahren haben. Der Familientherapeut Helm Stierlin verbindet die Bereitschaft zur Loyalität bei Kindern immer auch
mit Schuldgefühlen und spricht von »archaischer Loyalität«,
wenn die Kinder beim Heranwachsen ihre natürlichen Ab-
lösungstriebe unterdrücken.[27] In vielen Situationen werden
Kinder damit überfordert. Wenn die Mutter erzählt, wie
schlecht sie vom Vater behandelt wird. Wenn Väter sagen: Es
ist ein Geheimnis, sag es niemandem. Stierlin hat Ende der
1970er-Jahre junge Ausreißer in den USA untersucht. Elfjäh-
rige, die aus ihrem Zuhause flohen. Stierlin fand heraus, dass
es Kinder gibt, die familiäre Nähe als »erstickend« erleben
und deshalb ausreißen, nach wenigen Tagen aber zurückkeh-
ren, weil der Sog der Familie und ihrer Bindungskräfte zu
stark ist. Er bezeichnet dies als Bindungsfamilie beziehungs-
weise Bindungsszenarium. Eine andere Situation beschreibt
er mit der Ausstoßungsfamilie: »Eine typische Ausstoßungsfamilie, die ich damals in den USA erlebte, sah so aus: Der

Vater nahm seine Kinder kaum wahr und war selten zu Hause. Er bekam einen Wutanfall, als sein zwölfjähriger Sohn das Fahrrad abends vor der Garage liegen ließ. Der Vater fuhr das Fahrrad kaputt und verprügelte seinen Sohn. Der riss aus nach Florida. Warum soll ich zurückgehen?, fragte er. Seine trostlose Bilanz gegenüber dem Vater: Das einzige Mal, wo er sich wirklich für mich interessierte, war, als mein Fahrrad ihm im Wege lag.«

»Viele Kinder, die ausgestoßen werden«, so Stierlin weiter, »versuchen, in einer Gruppe zum Beispiel durch Alkohol- und Drogenkonsum ein Vitalitätsgefühl zu bekommen, das in der Familie nicht existiert. Mit ausgestoßenen Kindern zu arbeiten ist schwieriger, häufig bleiben sie nach einer Scheidung verdeckt ausgestoßen. Wir erleben oft, dass Kinder nach einer Trennung als überflüssig angesehen werden.« Loyalität habe ich immer gespürt. Doch meine Mutter wird mir gegenüber rückblickend illoyal, da sie mir achtzehn Jahre lang die Wahrheit verschwiegen hat. In dem Buch *Die Sprache der Familientherapie* lande ich bei

»Macht (power): Ein für die Familientheorie und -therapie zentraler, häufig kontrovers gehandhabter Begriff. Bei konsequenter Anwendung kybernetischen Denkens und unter Berücksichtigung der Tatsache, dass lebende Systeme autonom und innengesteuert sind, ergibt sich folgende Sicht von Machtverhältnissen: Die Macht von A gegenüber B zeigt sich in seiner Fähigkeit, einen Kontext zu definieren, indem er die Freiheitsgrade für das autonome Handeln von B einengt oder erweitert. Zwischen A und B bzw. ihren Handlungen besteht dann zwar keine geradlinige Kausalität, es kann dem Beobachter aber so erscheinen. Eine derartige Beziehung kann zeitlich oder sachlich begrenzt sein.«[28] So wie ich die Sprache nutze und meine Geschichte aufschreibe, sie zu meiner Geschichte mache, nutzte meine Mutter das Schweigen. Keine Worte zu benutzen, auch das ist Macht. Es war ihre Art, sich durchzusetzen. Es war ihre Art, Kontext zu definieren. Alle machten mit. Mein Vater hielt sich an die Abmachung. Mein Stiefvater hielt sich daran. Meine Großmütter. Meine Großväter. Mein Onkel sieht mich als Teenager im ständigen Konflikt mit meinem Stiefvater und sagt zu meiner Mutter: »Sag's ihr jetzt, sonst sag ich es ihr!« Aber er hält sich an die Abmachung. Mein Vater, der mich als Kind heimlich vom Straßenrand aus beobachtet, hält sich daran. Meine Nachbarn, die mich aufwachsen sehen, mit dem Wissen, dass ich nichts weiß. In die Verbundenheit mit den Eltern ist man hineingeboren. Meine Mutter erzählt: »Ich wollte arbeiten gehen, ich wollte nicht nur zu Hause sein. Da habe ich leider den Verkehrten getroffen.« Den Verkehrten getroffen. Diese Sehnsucht nach Erlösung.

DISTANZ

Zu allen Frauen meiner Familien habe ich ein fast beschützendes Verhältnis. Ich habe mich vor dem Verlust meiner Großmutter immer gefürchtet. Ich dachte, wenn meine Großmutter stirbt, habe ich niemanden mehr, dann werde ich in ein tiefes Loch stürzen. Ich dachte den Satz: Ich weiß nicht, wie ich da wieder rauskommen soll. Dann bekam sie Krebs. Sie wurde dünner und lachte immer noch. Einmal trug sie alte Abendkleider aus den 60er-Jahren, einfach deshalb, weil sie wieder hineinpasste. Da stand sie in ihrem wunderschönen grellgrünen Abendkleid und Pelzmantel, ihre Haut wie immer braun gebrannt, ihre Augen wie immer leuchtend. Als sie starb, mitten in der Nacht, zu einer Uhrzeit, in der zwei Jahre später mein Sohn auf die Welt kommen sollte, saß ihre jüngste Tochter an ihrem Bett und hielt ihre Hand. Die Geschwister hatten sich zuvor am Sterbebett abgelöst. Jedes der anwesenden Geschwister. Meine Tante erfüllte es mit Stolz, ihrer Mutter beim Sterben die Hand gehalten zu haben. Meine Mutter schickte mir spät am nächsten Tag eine SMS. Sie rief nicht an. Sie sprach nicht mit mir. Sie stellte sich nicht vor, mich in den Arm nehmen zu wollen. Sie stellte sich auch nicht vor, dass ich sie in den Arm nehmen würde. Ich sah sie vor meinem geistigen Auge, in einer dunklen Bluse, mit kleinen verweinten, roten Augen, ihre Haut viel heller als die meiner Großmutter. Es ging ihr seit Jahren nicht gut. So dachte ich. Sie, die drahtige, sportliche Mutter, hatte einen weichen Körper bekommen. Sie hatte Tabletten nehmen müssen. Es machte mich traurig, wütend. Ich wollte meine Mutter zurück. Es war, als müsste ich meine Mutter aus diesem Anzug herausschälen, aus diesem falschen Leben. Ich wollte mich einmischen. Ich wollte Nähe. Ich erinnere mich an ihre zweite Hochzeit. Wir waren im Allgäu und ich redete mit meiner Mutter über Hochzeitskostüme. Über Kleider. Reden Frauen nicht über so etwas? Ich schlage ihr Kleider vor. Was könnte passen, welches findet sie gut? Ist es ein Schritt zu viel? Wir bleiben bei einem Kostüm hängen. Es hat eine Pastellfarbe. Sie gibt mir das Gefühl, dass wir gemeinsam etwas ausgesucht haben. Nähe. Am Tag der Hochzeit erscheint sie im Dirndl. Und lacht. Wir streiten uns wenig später, ich weiß nicht mehr, worüber, aber ich sitze auf der Rückbank des Wagens wie ein kleines Mädchen und suche ihren Blick im Rückspiegel. Sie sieht mich, erwidert jedoch meinen Blick nicht, ihre Augen bleiben hinter ihrer Sonnenbrille und sie verzieht ihren Mund nicht einmal. Ich suche ihren Blick, als wir wenig später auf einem Schiff sitzen und über einen See fahren. Schau nur, sagt mein Großvater und zeigt auf einen Berg. Dort oben ist die Seilbahn, siehst du sie? Doch ich schaue wieder zu meiner Mutter, die da sitzt hinter ihrer Sonnenbrille, und mein Blick prallt an ihr ab. Hochmütig, denke ich. Mutig, denke ich auch. Endlich mal, klingt es in meinem Kopf nach. Ich weiß noch, dass das Entsetzen über die SMS meiner Mutter nach der Beerdigung größer war als das Entsetzen über den Tod meiner Großmutter. Ich kam zu spät zur Beerdigung. Ich rannte aus dem Auto, rannte in die kleine weiße Kapelle hinein, in der nur noch der Pastor und zwei Menschen standen, die ich nicht kannte. Ein schmaler, einfacher, heller Holzsarg stand da. Dieses blöde Knausern. Wird ja verbrannt, da reicht auch der. Ich schämte mich, dass ich zu spät gekommen war. Ich schämte mich, als ich später weinend auf meinen Großvater zugelaufen kam. Er saß im Kreis der Familie, vielleicht vierzig, fünfzig Menschen, viele von ihnen kannte ich nicht. Es war das Hinterzimmer des Restaurants, in dem wir auch seinen Abschied begehen würden. Kaum ein Jahr später wurde ich schwanger und träumte von meiner Großmutter: Ich besuchte eine Hochzeit und befand mich in einem Schwarz-Weiß-Film: ein großes bürgerliches Haus, trotz der Hochzeit waren alle in Schwarz gekleidet. Das Haus erinnert mich an eine Villa in Federico Fellinis *8 1/2*. Im Traum ist es diese Villa, mit der großen Terrasse und den eingedeckten Tischen und vielen gut gekleideten Gästen. Meine Großmutter schreitet Arm in Arm mit ihrer verstorbenen Schwester über die Treppe in den Garten. Ich freue mich so, sie zu sehen. Ich erinnere mich, dass ich auch nach dem Aufwachen noch diese Freude spürte, sie wiedergesehen zu haben. Oma, sage ich im Traum, du glaubst nicht, was passiert ist: Ich bin schwanger! Sie sieht mich nur kurz an. Nicht unfreundlich, aber auch nicht zugewandt. Eher: gleichgültig. Und dann fragt sie: Ja und? Und schreitet weiter durch den Park. Die Antwort überraschte mich. Meine Großmutter kam mir selbstbewusster, zufriedener vor. Aber auch verschlossener. Ist das so wichtig, schien sie zu sagen. Ja, war es so wichtig?

Wir sind in Heidelberg, Anfang der 1980er-Jahre. Der Arzt und Psychotherapeut Ivan Boszormenyi-Nagy steigt heute etwas müde aus dem Bett. Er sieht sich im Spiegel und streicht sich über die hohe Stirn, setzt sich seine geschwungene Brille auf, deren dünne metallene Stäbe hinter den kleinen Ohren Platz finden. Jetzt sehen seine Augen etwas wacher aus. Er war aus Philadelphia nach Frankfurt geflogen und hatte den Zug in das kleine Städtchen verpasst, weshalb aus der ohnehin schon langen Anreise ein kleines Martyrium geworden war. Die letzten Jahre waren intensiv gewesen. Der Aufbau der Familientherapeutischen Fakultät an der Drexel University in Philadelphia. Sein Ansatz der »Kontextuellen Psychotherapie« hatte einen Paradigmenwechsel in der Familientherapie gebracht. Die Kontextuelle Therapie war der Versuch, die Beziehungen der Familienmitglieder untereinander aus ethischer Sicht zu betrachten. Nach Fairness zu bewerten. Boszormenyi-Nagy sah in jeder Familie eine Art stille Buchführung von Handlungen, in der die Verdienste und Schulden der Einzelnen bilanziert werden. Nagy war darauf bedacht, diese Konten nicht nur aufzuzeigen, sondern auch in einem Therapieprozess fair auszugleichen. Vor mehr als zehn Jahren hatte er gemeinsam mit der Kollegin Geraldine Spark zudem das Werk *Unsichtbare Bindungen* veröffentlicht.[29] Das Werk, in dem Nagy erstmals die generationenübergreifende Dynamik der Familie analysierte, wurde zu seinem Opus Magnum. Einer Dynamik, der wir nach Nagy zeitlebens unterworfen sind. Die ewige Wiederkunft des Gleichen. Die Lesungen. Workshops. Konsultationen. Nagys Leben war ausgefüllt. Rückblickend wird er Jahre später sagen: »Im Gegensatz zu Freud, der vorrangig an unserem Inneren und am Unbewussten interessiert war, galt mein Interesse vorrangig den menschlichen Beziehungen.« Heute wird er vor dreißig Menschen sprechen, auf einem Workshop in Frankfurt. Ein amerikanisch-deutsches Paar sitzt in der Mitte des Raumes neben ihm. Es wird das Paar sein, das in einer Live-Konsultation therapiert wird. Sie ist Deutsche, er ein Amerikaner, ein native American, der bei der U.S. Air Force in Frankfurt stationiert ist. Der Psychotherapeut Tom Levold erinnert sich in einem Nachruf auf Nagy an diesen Tag und die behutsame Führung Nagys: »Er bestand darauf, dass jeder Satz, der gesprochen wurde, sowohl in Deutsch wie in Englisch ausgesprochen wurde, selbst wenn es nur um Wörter wie ›yes‹ und ›no‹ ging. Das löste zunächst Irritationen aus, da das Publikum Englisch verstand und die Frau des Amerikaners ohnehin mit ihm in Englisch kommunizierte. Aber er insistierte, dass in seinem Gerechtigkeitsverständnis jeder die Möglichkeit wahrnehmen können sollte, in seiner eigenen Muttersprache zu sprechen.«[30]

Der Effekt, der sich im Laufe des Tages einstellte, war eine Verlangsamung und Verdichtung des Gesprächs, das zunächst sehr zögerlich verlief. Doch Nagy hoffte auf einen Erfolg. Am zweiten Tag des Workshops fruchtete die Geduld, der Ehemann begann zu erzählen. Von seiner Familie, seiner Kindheit in einem Indianerreservat, seinen Demütigungen in der Armee, seinem versteckten Dasein als Analphabet. Nagy hatte einen eigenen Weg gefunden, wie viele seiner Kollegen in der aufkommenden Familientherapie auch, den Einzelnen mit dem Anderen in Beziehung zu setzen. Ich erinnere mich an meine Skepsis gegenüber der Familientherapie. Ich erinnere mich an eine generelle Skepsis gegenüber Therapien.

Die Worte meines ersten Freundes hallten in mir nach: »Du brauchst keine Therapie. Das schaffst du doch allein.« Ein Satz, der heute auf eine nüchterne Art und Weise alt klingt. Unsouverän. Die Worte sind nur fünfzehn Jahre alt. Und doch weiß ich, eine Krankheit, ein Defekt, etwas, das nicht ganz richtig erscheint, existiert erst dann, wenn man ihm einen Namen gibt. Dass unreflektiertes Verhalten der nächsten Generation schaden kann, ist jedoch genauso wahr. Der amerikanische Psychologe Daniel J. Siegel beschreibt, wie unreflektiertes Verhalten Kindern schadet. Es sind die ungelösten Themen oder unerledigte Angelegenheiten, so Siegel, »die sich auf unser Verhalten gegenüber unseren Kindern auswirken und in einer Eltern-Kind-Beziehung sehr leicht zum Tragen kommen. Sie beeinträchtigen unseren Umgang mit und unsere Beziehung zu unseren Kindern. Dann verhalten wir uns nicht mehr wie die Eltern, die wir eigentlich sein wollen, und können uns oft nur noch darüber wundern, warum die Elternrolle manchmal das ›Schlimmste in uns zum Vorschein bringt‹. In unserer Vergangenheit verwurzelte Themen schlagen auf unsere heutige Realität durch und wirken sich unmittelbar darauf aus, wie wir unsere Kinder erleben und mit ihnen umgehen, auch wenn wir uns der Ursachen dafür nicht bewusst sind.«[31]

Auf dem Dachboden meines Stiefvaters, in dem Haus, in dem ich aufgewachsen bin, liegen die Fotoalben meiner Familie. Nicht in einer Schublade, nicht in Bildern gerahmt, sondern auf dem Dachboden in schmalen Fotoalben aus Kunststoff, in die man die einzelnen Bilder einschieben konnte. Lange hingen die gerahmten Bilder im Flur des Hauses. Wir Kinder mit lieben Gesichtern und verunglückten Frisuren. Meine Mutter im Sonnenlicht, aufgenommen in Spanien. Und heute lagert alles auf dem Dachboden. Gibt es ein Foto, das meine Mutter mit mir zusammen zeigt? Ich finde kaum welche. Gibt es ein Foto, das mich als Baby auf dem Arm meiner Mutter zeigt? Ich finde keines. Wie ist es möglich, nicht zu wissen, was man weiß?

Es gibt diesen Moment, in dem wir das Alter in einem anderen Menschen erkennen. Wir sehen ein neues Gesicht im vertrauten Gesicht, es ist eingefallener, rundlicher oder schlaffer geworden. Und wenn wir die Vorstellung schärfen, können wir noch weiter in die Zukunft sehen. Die Augen sehen einen anders an, oft milder oder: müder. Meine Mutter habe ich nicht altern sehen. Ich habe sie krank werden sehen, ich habe sie unglücklich gesehen, aber nicht: älter. Sie ist für mich immer die gleiche Person geblieben. War sie für mich nur eine Schablone, ohne dass ich einen richtigen Blick auf sie richten konnte? Der Autor Jonathan Franzen beschreibt in seinem Roman *Die Korrekturen* den Blick des Protagonisten Chip auf seine Mutter: »Hübsch war sie immer gewesen, doch für Chip war sie so sehr eine Persönlichkeit und so wenig irgendetwas anderes, dass er, selbst wenn er ihr genau ins Gesicht starrte, keine Ahnung hatte, wie sie wirklich aussah.«[32] Ich wollte nicht, dass sich meine Mutter verändert. Oder dass sich mein Blick verändert? Wo war ich stehen geblieben? Das Geheimnis meiner Mutter hatte Einfluss auf mein Leben, es hat mich gelenkt. Ich wusste nichts über meinen wahren Vater, aber ich ahnte die Angst meiner Mutter, ihre Verletzung. Und ihre Lügen, ihr Schweigen haben meine Mutter auch zu einer unnahbaren Person gemacht. Ich habe sie immer in Schutz genommen, war immer loyal, das hat sich erst geändert, als die Lüge meiner Mutter aufflog. Mit Anfang dreißig saß ich in einer psychotherapeutischen Praxis in Hamburg. Ich hatte fast zehn Jahre lang der Beziehung zu meiner Mutter hinterhergetrauert. Ich war wütend, weil sie ihre Familie und damit auch mich verlassen hatte. Ich trauerte, weil ich deshalb meine Zeit mit ihr nicht teilen konnte. Es war ein Abschiedsschmerz. Doch das Gefühl, das überwog, war das des Nicht-Verstehens. Ich verstehe es nicht, hörte ich mich sagen. Ich verstand ihre Reaktionen nicht, ihr Verhalten nicht, ihre ganze Persönlichkeit nicht. Wer war meine Mutter? Oder sollte ich besser sagen: In wen hatte sich meine Mutter verwandelt? Ich wollte es nicht verstehen. Ich wollte eine Entschuldigung. Ich wollte eine Abbitte.

Ich wollte nie so sein wie du!

»In diesem Alter kommen die meisten Frauen zu mir in die Therapie«, erzählt mir die Psychologin und setzt sich auf ihren weißen Sessel. Mit einer Hand weist sie mir meinen Platz zu. Weiße Sessel, insgesamt wenige Möbel, Zeichnungen an den Wänden, im Wartezimmer stehen Bücher über Gendertheorie. Dass Frauen häufiger zur Therapie gehen als Männer, ist statistisch belegt. Zwischen sechsundzwanzig und fünfzig Jahren gehen im Schnitt doppelt so viele Frauen zur Therapie wie Männer. Die meisten Frauen sind zwischen fünfundzwanzig und fünfundvierzig. Und reden. Die Psychologin ist eine feminine Frau, kurze braune Haare, ein sportlicher Körper, groß, souverän. Ich leiere meine Geschichte herunter. So schnell, als ob ich sie eigentlich gar nicht erzählen möchte. Ich denke: Es gibt Schlimmeres. Was hatte ich schon erlebt? Meine Mutter hatte den Kontakt abgebrochen. Sie hatte mich achtzehn Jahre lang angelogen. Meine Mutter tat mir leid. Warum? Ich wusste es nicht. Ich erinnere mich nicht mehr an das ganze Gespräch. Ich erinnere mich nur an diesen einen Satz, den die Therapeutin mir sagte: »Ziehen Sie doch zu Ihrer Mutter.« Das Gefühl, dass etwas mit mir nicht stimmte, war mir in diesen Jahren zur Gewohnheit geworden. Ich war nicht ganz. Oder: ich war nicht ich selbst. Der Sinn für ein selbstbestimmtes Leben war mir gleich nach dem Auszug aus meinem Zuhause wieder abhandengekommen. Weil mir meine Mutter zuvorgekommen war? Sie hatte sich aufgemacht in ein neues Leben. Sie war verschwunden. Ich funktionierte. Ich reiste, machte Umzüge, bewarb mich um Jobs, führte eine Beziehung, ich war glücklich. Aber dennoch: Etwas stimmte nicht. Die früheren Erfolge in der Schule, beim Schachspiel, die ersten Jobs mit mehr Verantwortung, die eigene Unabhängigkeit, die Kompromisslosigkeit in meinen Entscheidungen, sie verloren schnell ihren Wert. Ich entzog mich: Wohnorten. Arbeitgebern. Freunden. Exfreunden. Die systemische Therapie betrachtet nicht nur linear Ursache und Wirkung, sondern zieht von allen Seiten das ganze System in Betracht, mit allen Komponenten, allen Beteiligten. In diesem Fall die Familie. Meine Familie. Auf ein weißes Flipchart zeichnet die Therapeutin mit schwarzem Stift Kästen, Kreise, Verbindungslinien. Es wächst ein Baum heran, der mir eine Familie zeigt, die ich so noch nie gesehen habe. Ein

Gewächs aus Tanten, Onkeln, Großvätern, Urgroßmüttern. Wuchernd und schwer auf der Seite der Familie meiner Mutter. Zart und unbedeutend auf der Seite meines Vaters, einer Familie, die ich nicht kannte und deshalb nicht benennen kann. Mich erschlägt der schwere Ast der mütterlichen Familienlinie. Ich taufe sie intuitiv die Mafia. Eine Großfamilie, die immer zusammenhält, koste es, was es wolle. Ich habe einige Sitzungen gebraucht, um überhaupt etwas sehen zu können. Die ersten Male waren verheulte Stunden, der Versuch, diese Verzweiflung zu erklären, die mich so plötzlich überrannt hatte. Mir war der Boden weggerutscht. Doch ich wusste nicht, warum.

»Ich wollte nie so sein wie du!« Dieser Satz wurde für mich ein Mantra, als ich nach achtzehn Jahren erfuhr, dass meine Mutter mich angelogen hatte. Und jetzt unfähig war, mit dem Konflikt umzugehen. *Das möchte ich meinen Kindern nie antun,* dachte ich. Ich erinnere mich daran, wie sie aus einem Urlaub zurückkam und mir ihr Gesicht wie eine Maske vorkam. Sie hatte sich entfremdet. Von ihrem Mann, von ihrer Familie. Von mir. Sie zog aus und verschwand aus meinem Leben. Als ich mich innerlich enttäuscht von meiner Mutter distanzierte und gleichzeitig tief verletzt nach ihrer Liebe suchte, wurde ich von einem Mädchen zur Frau. Vogelfrei bin ich, sagte ich damals. Es klang nicht glücklich. Und wirklich frei war ich auch nicht. Wie ein unsichtbares Band klebte etwas zwischen meiner Mutter und mir, zwischen meiner Familie und mir. Etwas zog an mir. Und ich ließ es ziehen. Ich war ihr verbunden und wurde ihr mehr und mehr ähnlich. Manchmal war es der Kommentar eines Freundes, der mich aufschrecken ließ. Etwa, wenn er mich für etwas kritisierte, das ich selbst meiner Mutter vorwarf. Oder ich erschrak, wenn ich einen Ton anstimmte, den ich von meiner Mutter kannte. Das erschien mir zwar normal. Wir alle werden ein bisschen wie unsere Eltern und verlieben uns in die Männer, die unsere Väter waren. Doch was das wirklich bedeutete, das wusste ich nicht. Die Beziehung zu einer Mutter ist etwas so existenziell Prägendes und so Selbstverständliches, dass es manchmal eine extreme Situation braucht, um die Dinge mit Distanz betrachten zu können. Als ich genau die schmerzhafte Enttäuschung meiner Mutter wiederholte, gelang es mir das erste Mal, meine Mutter als Mensch zu sehen, als Frau. Ich wiederholte ihr Jahr, in dem sie glaubte, ihre große Liebe gefunden zu haben, eine Familie gründen zu wollen – um dann doch als enttäuschte Frau mit unehelichem Kind wieder zu Hause bei den Eltern zu landen. Ich wiederholte ihren Männertyp. Ihre Ängste. Ich wiederholte ihre Bedürfnisse. Signe Hammer schreibt 1975:»Die Mutter müsste eigentlich ein Wesen umsorgen, das von ihr abhängig ist, und zugleich jede Bemühung des Kindes unterstützen, von ihr unabhängig zu werden. Diese doppelte Aufgabe zu bewältigen ist bei Söhnen schon schwierig; wenn eine Mutter jedoch eine Tochter hat, mit der sie sich sehr identifiziert und die, wie sie weiß, von der Gesellschaft nie zur Selbstständigkeit ermutigt werden wird, dann kann es nicht überraschen, wenn diese Mutter ihr Kind eher dazu anhält, abhängig zu bleiben.«[33]

Als junge Frau, mit fünfundzwanzig Jahren vielleicht, ist meine Mutter diese hübsche Frau, die man als Mann auf einem Foto mit sich herumtragen möchte. Ich weiß nicht, mit wem sie gelacht hat, ob sie mit meinem Stiefvater Händchen haltend durch die Stadt gelaufen ist und von wem sie geträumt hat, wenn sie allein war. Was ich weiß, ist, dass sie an einem Sommernachmittag 1979 ein dunkelblaues T-Shirt und eine blaue Bikinihose trägt. Sie steht im Garten meiner Großeltern, in dem Garten der Eltern ihres Mannes. Meines Stiefvaters. Ihr Haar hat sie offen gelassen, in ihrer rechten Hand hält sie einen gelben Ball. Sie guckt eher fragend in die Kamera – und damit mich und alle ihre Betrachter an. Würde sie lachen, wäre sie eine der Frauen von *Charlie's Angels*. Sportlich und schön. Doch sie ist keine der drei Heldinnen, sie steht neben ihrem Schwiegervater, der braun gebrannt mit hellem Hut an ihr vorbeigeht. Sie hat einen anderen Mann als meinen Vater geheiratet. Heute sagt sie: »In ihn war ich verliebter als in deinen Vater. Ich konnte meine Gefühle teilen, er war frei. Verlässlich.« Sie gingen ins Kino und sahen sich Science-Fiction-Filme an, die Zukunft kam, die Achtzigerjahre, alles war möglich, alles war aufregend. »Wir wollten die Stadt verlassen, das Land. Wir wollten weg, Entwicklungshelfer werden. In Brasilien.« Doch die gemeinsamen Träume zerplatzten immer dann, wenn mein Stiefvater vor seinen Eltern einknickte. Er war das Kind seiner Eltern, sagt meine Mutter immer wieder.

Der Verlust des Selbstwertgefühls ist sicher keine Sache, die nur der Mutter zugeschrieben werden sollte. Auch wenn die meisten Mütter bis in die Gegenwart hinein ihren Töchtern ein Frauenbild vorgelebt haben, das die Töchter in Rollen drängt, die ihnen nicht guttun. Die der Versorgerin. Der Retterin. Und der Dummen. Die amerikanische Essayistin

Rebecca Solnit beschreibt in ihrem Essay »Wenn Männer mir die Welt erklären«, wie es sich anfühlt, wenn sich eine gebildete, als Schriftstellerin bekannte Frau gegenüber einem Mann behaupten muss. Sie wird auf eine Party eingeladen, in ein Chalet in Aspen, der Gastgeber ist ein reicher, älterer Mann. Solnit selbst ist da vierzig Jahre alt. Er bittet Solnit und ihre Begleitung zu einem Gespräch und beginnt: So, also. Ich habe gehört, Sie haben ein paar Bücher geschrieben? Solnit erwidert: Eine ganze Reihe sogar. »Daraufhin«, so schreibt Solnit, »fragte er in einem Ton, in dem man die siebenjährige Tochter von Freunden ermuntern würde, über ihre Flötenstunde zu berichten: ›Und wovon handeln sie?‹« Solnit erzählt von ihrem neuesten Buch über den Fotografen Eadweard Muybridge. Der Gastgeber fällt ihr ins Wort und fragt, ob Solnit wisse, dass ein ausgesprochen wichtiges Buch zu Muybridge erschienen sei. Er erzählt von diesem Buch, ohne Solnits Antwort abzuwarten. Er schwadroniert mit selbstgefälliger Miene, wie Solnit schreibt, während die Freundin Solnits immer wieder versucht, ihn zu unterbrechen: »Das ist ihr Buch. Das ist ihr Buch!« »Und dann wurde er, wie in einem Roman aus dem neunzehnten Jahrhundert, aschfahl. Dass tatsächlich ich die Autorin dieses wichtigen Buchs war, das er, wie sich herausstellte, gar nicht gelesen hatte, sondern nur aus der Besprechung in der *New York Times Book Review* ein paar Monate zuvor kannte, brachte die klaren Kategorien, in die er die Welt unterteilt hatte, derart durcheinander, dass es ihm die Sprache verschlug – einen Moment zumindest, dann schwadronierte er weiter.«[34] Solnits Essay wurde mit großer Resonanz gelesen. Kurz nachdem er erschien, wurde der Begriff *Mansplaining* – männererklären – zu einem

Begriff im Internet, der das in sich vereinte, was Frauen weltweit erleben und fühlen. Dass Männer, ohne dass sie es absichtlich formulieren, ausstrahlen: Ich weiß es besser als du. Ich bin besser als du. Es ist anerzogen, es ist etabliert, dass Frauen weniger wert sind. Ein männlicher Kollege erzählte mir, dass er nie Bücher von Frauen lese. Das sei jedoch zufälliger Natur, weil es in der großen Literatur wenige bis keine Frauen gebe. Als ich protestieren wollte, fragte er: Wer ist der weibliche Thomas Mann? Worauf ich nur antworten konnte, wer vielleicht der neue Thomas Mann sei. Solnit rechtfertigt sich für ihren Essay, schreibt: »Falls ich es in meinem Essay nicht klar genug zum Ausdruck gebracht habe: Ich finde es wunderbar, wenn mir jemand etwas erklärt, was mich interessiert und womit er oder sie sich auskennt, ich hingegen nicht; die Unterhaltung gerät erst dann in eine Schieflage, wenn man mir etwas erklärt, womit ich mich auskenne, der oder die Erklärende jedoch nicht.« Sie stellt auch klar, dass es ebenso Frauen gibt, die einem die Welt erklären. Nur dass Männer dies eben in einem größeren Maß tun. Männer, schreibt Solnit, seien mit einem überproportionalen Selbstbewusstsein ausgestattet. Ich denke an meine eigene Angst, mich durchzusetzen. Ich hätte mich ja wehren können. *Was brauchst du noch, um zu gehen?*

WIE SIEHT MEINE MUTTER MICH?

Meine Großmutter wollte Kindergärtnerin werden. Das war in Kriegszeiten unmöglich. Sie wurde später Putzmacherin, ein Begriff, den ich seit meiner Kindheit kenne, den man aber heute erklären muss: Sie war Hutmacherin. Ich habe sie gefragt, welchen Hut sie für meine Hochzeit empfehlen würde. Ich sagte »empfehlen«, nicht »machen«. Einen Pillbox, sagte sie. Für dich einen weißen, schlichten Pillbox. Für meine Mutter war meine Oma eine Frau, die immer spielerisch durch den Alltag ging. Niemals genervt. Sie hat immer eine Lösung gefunden, hat die Kinder immer mit in ihren Alltag eingebunden. »Ich«, sagt meine Mutter heute, »wäre ausgeflippt.« Stark war meine Mutter immer dann, wenn sie Sport gemacht hat. Meine Mutter, die Läuferin. Schulmeisterschaft. Bezirksmeisterschaft. Die Zulassung zur Deutschen Meisterschaft. Zu Hause wurde ihre Leidenschaft nicht gewürdigt. Wenn sie heute davon erzählt, hat sie immer noch Tränen in den Augen: »Es gab so viele Veranstaltungen auf dem Schulhof, direkt vor der Tür. Glaubst du, die haben mir ein Mal zugeguckt? Hatten sicher auch keine Zeit, bei sieben Kindern.« Ihre jüngsten Geschwister bekamen die Aufmerksamkeit, die ihr nicht zuteilwurde. Sie wurden zu Sportveranstaltungen gefahren, Siege wurden gefeiert. Meine Mutter erinnert sich, wie ihr Vater sagte: Hast du deinem Bruder eigentlich schon mal zu seinen Erfolgen gratuliert? Sie wird wütend: Hallo? Wie konnten sie nur so etwas fragen! Und dann: Immer diese Kontrolle, immer diese Vorwürfe. Da war er schon heftig.«

Zwischen Mutter und Tochter herrscht eine verwirrende

Gleichzeitigkeit von Nähe und Distanz. Die Nähe, die wir zu unserer Mutter haben, ist intensiv. Die Mutter soll nach gesellschaftlichen Idealen zunächst einmal lieben. Die Kinder, den Mann, die Familie. Bedingungslose, aufopfernde Liebe ist ein Sinnbild für die Rolle der Mutter. Fünfunddreißig Jahre lang lebte ich in dem Glauben, unabhängig von meiner Mutter ein eigenes Frauenbild aufzubauen und zu leben. Und als ob sich dieses Leben auf mich gelegt hätte, sollte ich nun einfach alles so wiederholt haben? Ohne Vorwarnung, ohne Wissen? Ich habe Hemmungen, sie danach zu fragen, wie sie mich sieht. Letztlich frage ich sie doch. Ich frage schnell. Jetzt oder als Kind?, fragt sie zurück. Dann beginnt sie, ohne meine Antwort abzuwarten, mit dem Satz: Du hattest immer schon deinen eigenen Kopf. Mehr eigenen Kopf als dein Bruder, mehr eigenen Kopf als die anderen Kinder. Du warst das »Ich kann das alles, ich mache das alles«-Kind. Und es hat auch alles funktioniert! Wie so ein Vorzeige-Kind. Gute Zensuren, tolle Basteleien im Kindergarten, engagiert, mutig. Wenn ich von dir gesprochen habe, habe ich mich schon geschämt – ich konnte dich ja nicht immer in den Himmel heben. Du hast dir einfach immer viel Mühe gegeben. Der Einzige, der das wirklich, gesehen hat, war dein Stiefopa: Nicole, aus der wird noch mal was. Die hat Talent, da müsst ihr aber ein bisschen drauf aufpassen. Ich denke in mir, ja. Aufpassen. Das hätte ich gebraucht. Selbstständig und eigensinnig. Das sind ihre Worte über mich. Ich konnte Verantwortung übernehmen. Auch mit den Pferden, weißt du noch? Du wolltest dich nicht vor Entscheidungen drücken. Es sei denn, sie waren dir zu blöd. Oder in der Schule: Du besprichst das und nicht andere. Um dich brauchte ich mir keine Sorgen zu machen. Du hast eine starke Persönlichkeit. Eine starke Persönlichkeit. Diese Bestätigung, diese Offenheit habe ich erst heute von ihr bekommen – es bestärkt mich. Und bestätigt mich in meiner Sehnsucht nach Schutz. Nach dem Bedürfnis, mich fallen lassen zu können. Eine perfekte Mutter definiert sich über ihre perfekte Tochter. (Und ihren perfekten Sohn.) Meine Mutter sagt: Du hast nie von Angst gesprochen, sondern gesagt: Ich mach das. Weißt du noch, der kranke Rabe vor unserem Haus? Wir wollten ihn nicht aufnehmen und du sagst zu uns: Wenn ihr das nicht macht, mach ich das eben allein. Und dann hast du ihn in einen Karton gesetzt und mit Engagement aufgezogen. Ja? Ich schaue sie fragend an. Doch dann erinnere mich an den Raben. Als ich immer noch am Tisch sitze und die Sätze meiner Mutter in meinem Kopf nachhallen, sagt meine Mutter noch: Du hast ja immer dein eigenes Ding gemacht. Ich habe das nicht so mitbekommen, weil ich in meiner Welt etwas anderes im Kopf hatte. Ich war unsicher, vielleicht sogar überfordert, weil ich nicht wusste, wie ich damit umgehen sollte. Dein Bruder war das klassische Kind. Normale Ängste, normale Entwicklung. Einer, der sagen konnte: Ich habe Angst, hilfst du mir?

Die Treppe in unserem alten Haus führte direkt von der Haustür nach oben in die Schlaf- und Kinderzimmer, sie hatte ein hölzernes Geländer und auf den Treppenstufen lag Teppich, sodass man oft auf ihnen sitzen konnte, wenn man sich in diesem Raum zwischen Schlafen und Leben bewegen wollte. Auf den obersten drei Stufen saß ich gern, um mit meiner Mutter zu reden. Während wir redeten, rutschte ich von einer zur anderen Stufe, dann lehnte ich mich an die Wand und sagte: Mama, ich muss dir etwas erzählen. Ja? Dann erzähl mal, sagte sie und setzte sich zu mir. Oder: Mama, kommst du mal? Was hast du denn?, fragte sie zärtlich und setzte sich zu mir. Wir sitzen gar nicht mehr so oft auf der Treppe, sagte ich, wenn mir die Treppengespräche fehlten. Ich weiß, ich habe so wenig Zeit, sagte sie dann. Manchmal gingen wir am Strand spazieren, eine Stunde liefen wir dann am Wasser entlang und redeten. So offen und frei habe ich nie wieder mit ihr sprechen können.

BIST DU ANDERS, BIST DU TOT

Der Lebensweg meiner Mutter unterscheidet sich bis zu meiner Schwangerschaft deutlich von dem Weg, den ich gegangen bin. Wenn ich unsere beruflichen und privaten Stationen auf einem Blatt Papier skizziere, wird mir bewusst, wie sehr wir uns unterscheiden und wie wenig wahrscheinlich es eigentlich ist, dass ich das, was meine Mutter erfahren hat und in Teilen bis heute bereut, nun selbst wiederhole. In meiner Erinnerung war meine Mutter lange Zeit nicht nur räumlich ganz weit entfernt von mir. Wie wirkmächtig unsere Beziehung aber letztendlich ist und immer war, wird jetzt deutlich. Unser tägliches Handeln, unsere Kommunikation, die Art, wie wir bewerten, entscheiden und fühlen, hängt entscheidend von den Menschen ab, die uns in der Kindheit und Jugend geprägt haben, ganz gleich, ob wir im Erwachsenenalter ständig mit ihnen Kontakt haben oder nicht. Prägung findet nicht aktiv statt. Keine Mutter, kein Vater kann sich vornehmen, sein Kind in eine bestimmte Richtung zu prägen. Das grenzt Prägung gegenüber der Erziehung ab. Für die eigene Prägung kann man genau genommen gar nichts, genauso wenig wie diejenigen, durch deren Normen und Werte wir geprägt werden. »Das habe ich von meinem Vater« ist eine beliebte Ausrede, um lästige Angewohnheiten zu entschuldigen. Das heißt aber auch: Geprägtes Verhalten ist nicht zwangsläufig rational. Was hat man jedoch von der indirekten Beeinflussung des eigenen Willens durch natürliche Prägung, die dann letzten Endes dazu führt, dass wir uns selbst im Weg stehen oder bestimmte Wege einfach nicht beschreiten können, obwohl wir uns genau das so sehnlich wünschen? Im Tierreich ist Prägung überlebensimmanent. Und nachvollziehbar: Das Bärenkind lernt durch Nachahmung, wie es mit der Pranke Lachse im Fluss fängt, und vergisst das dank der Prägung sein Leben lang nicht. Aber was habe ich als moderner und aufgeklärter Mensch noch davon, das Leben meiner Eltern nachzuahmen? Menschen haben eine komplexere Entwicklung in der Evolution hingelegt, weshalb die Erziehungswissenschaften ausschließlich von Sozialisation sprechen, der Lehre der Gemeinschaft. Kurz gesagt ist die Zielsetzung der Sozialisation die Aufnahme und der Verbleib des Individuums in einer Gruppe. Mit dem ersten Tag unseres Lebens sind wir getrieben, genau das zu erreichen. Die Pädagogin und Kinesiologin Rosa Rechtsteiner spitzt in ihrer Publikation *Familie im Gepäck* das genetisch programmierte Verlangen nach Gemeinschaft wie folgt zu: Du bist tot, wenn du anders bist.[35] Mit dieser Aussage wird deutlich, dass es auch hier, ähnlich wie im Tierreich, um ein evolutionäres Erbe geht: Der Einzelne war ohne sozialen Schutz nicht überlebensfähig. Und um den Schutz der Gemeinschaft zu genießen, mussten Codes übernommen werden, die die Zugehörigkeit zur Sippe bedingten. Rechtsteiner ist sich sicher, dass wir dieses Erbe auch heute ständig nachspüren können. Sie führt dafür das Beispiel an, man sei alleine auf eine Party eingeladen und es gelinge einem nicht, dort mit jemandem ins Gespräch zu kommen. Das Gefühl, keinen Anschluss zu finden, sich als nicht zugehörig zu empfinden, ist für uns alltäglich, und doch reagiert unser Körper schnell alarmiert. Unterschwellig zeigen wir ähnliche Symptome, die auch unsere steinzeitlichen Urahnen in Stresssituationen kannten: Unbehagen, Aufgewühltheit, Fluchtreflexe. Nur mit dem Unterschied, dass die Neandertaler nicht mit einem Kommunikationsproblem auf einem Stehempfang zu kämpfen hatten, sondern mit einem Säbelzahntiger, der plötzlich vor ihnen stand. Die evolutionär vererbten Anpassungscodes des eigenen Elternhauses beeinflussen uns ein Leben lang und können zu Verhaltensmustern führen, die man sich selbst gar nicht erklären kann, in die man aber immer wieder zurückfällt. Rechtsteiner führt hier Studien an, die zeigen, dass Menschen, die sich entgegen dem tradierten Milieu entwickeln, in dem sie aufgewachsen sind, später daraus erwachsene psychosomatische Effekte erleiden können. Rechtsteiner berichtet aus ihrer Berufspraxis beispielsweise von Klienten, die als erstes Mitglied einer dem bildungsfernen Milieu angehörigen Familie eine Akademikerlaufbahn eingeschlagen haben und zeitlebens unter Verlustängsten und Schuldgefühlen leiden, die sie zu Verhaltensweisen bringen, die ihrem eigenen

Wohlbefinden schaden. So scheint bei ihnen die Furcht ausgeprägter zu sein, gar nicht zu verdienen, was sie sich selbst erarbeitet haben, verbunden mit dem zusätzlichen schlechten Gewissen, gegen die vorgelebten Normen des eigenen Milieus gehandelt zu haben und damit eine Zumutung und Belastung für die Familie darzustellen. Genauer: sich in der Konsequenz gegen die eigene Familie zu stellen. Und das löst den Schlüsselreiz aus: Bist du anders, bist du tot.

Die Furcht, anders zu sein als die eigene Familie, könnte auch erklären, warum Kinder alkoholkranker Eltern überproportional gefährdet sind, später selbst Suchtkrankheiten zu entwickeln. Man möchte ja glauben, dass die traumatischen Erfahrungen, die Kinder aus suchtbelasteten Elternhäusern oft machen, also körperliche und seelische Gewalt, soziale Verwahrlosung und nicht selten der frühzeitige Verlust eines oder beider Elternteile, zu einer entgegengesetzten Konsequenz führen müssten. Es gibt auch sicher viele Beispiele für Menschen, die trotz ihrer Kindheitserfahrungen einen sehr respektvollen Umgang mit Suchtmitteln entwickeln. Signifikant hoch ist jedoch der Teil, der eben genau das wiederholt, was in seiner Herkunftsfamilie üblich war, in vollem Bewusstsein, wie schädlich dieses Verhalten ist. Rechtsteiner schreibt: »Ich habe schon häufiger Männer zwischen dreißig und vierzig in meiner Praxis beraten, die sich schämten und darunter litten, dass sie in das Suchtverhalten der Väter, Onkel oder Großväter gefallen waren. Mit diesen insgesamt etwa fünf Klienten habe ich immer wieder ähnliche Gespräche geführt. Anhand der Genogramme habe ich häufig erst einmal mit den Klienten analysiert, wie stark das Thema Alkohol im Sippensystem verankert ist. Auch wenn der Zusammenhang für Außenstehende oft ganz offensichtlich ist, für viele Klienten ist es ein unglaublicher Erkenntnisgewinn, diese Häufung von Menschen mit Suchtthemen im eigenen Stammbaum mal wirklich plastisch vor sich zu sehen. Die erste Reaktion ist dann oft Entsetzen, also ein Gefühl von Fatalismus, eine Angst, dem ›Familienfluch‹ einfach nicht entkommen zu können. In Gesprächen und weiteren Prozessen wird den Betroffenen aber dann meist schnell klar, dass sie durch die neue Übersicht nun auch eine Chance haben, das Problem besser zu verstehen und zu greifen. Ich erkläre den Klienten dann auch oft, dass man die tiefen Bindungen und Solidaritäten nach und nach lösen kann.«[36]

Der genetische Zwang, für die Fortführung der Familientradition verantwortlich zu sein, kann in meinem Fall dazu geführt haben, dass ich mich mit dem Schicksal meiner Mutter solidarisiert, also ihre Rolle in meinem Leben übernommen habe. Rechtsteiner hat aus ihrer Praxis tatsächlich vergleichbare Beispiele – aus ihrer Erfahrung sind auffallend viele alleinerziehende Mütter selbst mit alleinerziehenden Müttern aufgewachsen. Und sehr oft waren die Beziehungen fast zum selben Zeitpunkt in die Brüche gegangen. Als Erklärungsansatz führt Rechtsteiner an, dass die Töchter sich, so paradox es klingt, unterbewusst als »bessere Töchter« fühlen, wenn sie wie die Mutter die Kinder allein erziehen.

DIE LOGIK DER LÜGEN

Im Januar 1976 möchte meine Mutter einen Anfang machen. Eine eigene Welt eröffnen. Ihre Welt. Sie ist aufgeregt. Sie trifft meinen Vater in ihrer Wohnung. Sie hat sie seit einem Jahr gemietet. Ein Zimmer, eine kleine Küche, ein Badezimmer. Im Wohnzimmer das braune Schaumstoffsofa mit den gelben Streifen. Endlich weg von zu Hause. Von dem autoritären Vater. Weg von den Zwängen einer Großfamilie. Erst gestern war sie mit ihrer kleinen Schwester in die Wohnung gefahren, um ihr neues Reich zu zeigen. »Sie war mutig, sie hat ihr Ding gemacht«, erzählt meine Tante Jahre später. »Ja, für mich war sie furchtlos. Fuhr mit ihrem Roller los, ich hintendrauf mit Omas gelber Mohairmütze, weil wir keinen zweiten Helm hatten.« Während meine Tante sich so gut es ging unter dem gelben Mohair versteckt, denkt meine Mutter an den bevorstehenden Tag. Sie weiß seit Kurzem, dass sie schwanger ist. Was soll sie meinem Vater sagen? Und was ihren Eltern? Am nächsten Tag hat meine Mutter Angst. Angst davor, von der Schwangerschaft zu erzählen. Sie fühlt sich wie ein aufgeregtes kleines Mädchen. Dieses Mädchen wird sie immer wieder sein. Und ich werde es ihr nachmachen. »Ich bin schwanger.« Sie sagt es schnell, fast trotzig. So erzählt sie es mir. Mein Vater lächelt. Er lacht und nimmt sie in die Arme. Er freut sich. Sie denkt: Alles wird gut. Jetzt werden wir eine Familie.

Wenn ich heute mit meiner Mutter über ihre Zeit als junges Mädchen in den 70ern spreche, erzählt sie:

»Ich hatte gedacht, dass ich nie so leben möchte wie meine Eltern.« Das habe sie, so erzählt sie weiter, nach ihrem Auszug aus der Familie jedem erzählt. Was heißt denn »so leben«?, frage ich, als wir zusammensitzen. Sie habe früh mitgekriegt, dass Oma ein Befehlsempfänger war. Deshalb gab es mindestens zwei Ebenen in der Familie: eine formelle, die, die mein Großvater kannte. Und die informelle. Die geheime Welt meiner Großmutter und ihrer Eingeweihten. So hasse sie sich heute noch für das Tricksen, das Verlogene, erzählt sie weiter, das sie von Oma gelernt habe. Das Tricksen. Das Überleben in einer hierarchischen Familienordnung. Das Lügen lernen. Bis in die Fünfzigerjahre gab es einen sogenannten Gehorsamsparagrafen, den § 1354 im Bürgerlichen Gesetzbuch, der viele Frauen zum Tricksen und Lügen brachte. Im Wortlaut von 1900 besagte der Paragraf: »Dem Manne steht die Entscheidung in allen das gemeinschaftliche eheliche Leben betreffenden Angelegenheiten zu; er bestimmt insbesondere Wohnort und Wohnung. Die Frau ist nicht verpflichtet, der Entscheidung des Mannes Folge zu leisten, wenn sich die Entscheidung als Mißbrauch seines Rechts darstellt.« Lügen als eine Angewohnheit, die aus der Anpassung entsteht. Ein befreundeter Kollege erzählt: »Unsere Mutter, Jahrgang 1904, hat auch öfters unseren Vater ›belogen‹ oder rumgetrickst, wenn es um die Bestellung von Kinderkleidung ging: Unsere Mutter fuhr mit uns heimlich mit dem Zug von Celle nach Hannover und kaufte in Hannover im Deutschen Familienkaufhaus DEFAKA ein, das ging auf Kredit mit monatlichen Abzahlungen von 50 DM. Frauen konnten in den 1950er-Jahren aber nicht selbst einen Kredit aufnehmen. Unsere Mutter hat deshalb den Perso meines Vaters entliehen

und damit den Ratenvertrag abgeschlossen. Etwaige Mahn-
briefe hat sie dann mit irgendwelchen Ausreden gegenüber
unserem Vater kommentiert.« Lügen, so überlegt er weiter,
als damals notwendige Überlebenstechnik, habe sich eventuell bei einigen Frauen generalisiert. Er sagt:»Meine ältere
Schwester, sie wurde 1941 geboren, hat diese Verhaltensweisen auch gepflegt, mich selber haben sie eher angewidert.«
Meine Großmutter fand immer einen Weg, die Wahrheit vor
meinem Großvater zu verschleiern.»Sie hat immer die Pa-
kete abgefangen, wenn sie etwas für uns Kinder bestellt hat.
Opa sollte ja nicht merken, dass sie ohne sein Wissen Geld
ausgegeben hat«, erzählt meine Mutter. Konflikte mit den
Kindern wurden totgeschwiegen. Schlechte Noten, Ärger in
der Schule oder Ausbildung. Die Lügen meiner Mutter sind
die Lügen ihrer Mutter. Die Frau, die meiner Mutter das Lügen beibrachte, habe ich immer mit mütterlichen Gefühlen
verehrt. So fühlt es sich zumindest an, wenn ich an meine
Großmutter denke. Sie war mir nah. Sicher auch deshalb,
weil sie neben meiner Mutter die erste Bindungsperson in
meinen frühen Lebensjahren war. In meiner Erinnerung sehe
ich sie immer zu Hause, zwischen Küche und Esszimmer, am
Nachmittag im Wohnzimmer, auf dem Tisch stehen Teetassen,
weiße, zarte Teetassen mit goldenem Rand. Ich sitze als kleines Mädchen auf dem großen Perserteppich und zeichne die
Linien der Ornamente nach. Dank der surrenden Dias, die
mein Großvater vor vielen Jahren immer wieder zeigte, weiß
ich, wie sie im Skianzug oder am Ufer des Lago Maggiore aussieht. Elegant, sportlich, mit einem offenen, herzlichen Lachen. Braune Haut, Sonnenbrille. Ich kenne niemanden, der
so lacht wie sie. Und doch, viele Jahre später, als ich bereits

Ende zwanzig bin, weiche ich dem Blick meiner Großmutter aus. Und sie meinem. Etwas war verloren gegangen. Als ich im Auto zurück nach Berlin darüber nachdenke, empfinde ich deshalb Mitleid. Und schäme mich dafür. Ich bin kein Kind mehr, ich bin eine Frau. Können Frauen in der Familie nicht miteinander reden? Können sie sich nicht ertragen? Mütter und Töchter wollen in der Regel füreinander da sein. Viele Mütter wollen selbst im hohen Alter ihren erwachsenen Kindern den Schutz geben, den sie als Babys und Kleinkinder bekommen haben. Die Schriftstellerin Joan Didion schreibt im *Jahr des Magischen Denkens*, dass ihre Mutter noch auf dem Sterbebett über sie und ihren Bruder sagte: »Du und Jim, ihr braucht mich.«[37] Joan Didion und ihr Bruder waren zu diesem Zeitpunkt um die sechzig Jahre alt, ihre Mutter neunzig.

Meine Großeltern haben ein weißes Telefon gekauft. Es hat die Farbe von Eierschalen und eine runde große Wählscheibe. Es ist das erste Telefon, das sich meine Großeltern angeschafft haben. »Wenn nun etwas passiert«, hatte meine Großmutter mit Blick auf den Bauch meiner Mutter gesagt, »und wir dann niemanden anrufen können, das geht doch nicht.« Meine Mutter ist im Juni aus der eigenen Wohnung ausgezogen. »Ich musste irgendetwas machen«, erzählt sie später. Und: »Ich habe mich erst gar nicht getraut, etwas zu Hause zu sagen.« Doch sie sagt es, und ihre Eltern beschließen: »Dann bleibst du erst mal bei uns, bis sich das findet.« So steht mit dem Einzug meiner Mutter ein weißes Telefon auf der schweren Kommode im Esszimmer, neben dem Aquarium, über den hölzernen Schubladen, in denen sich das weiße Papier versteckt, das

ich später so gern zum Malen benutzen würde. Meine Großeltern werden in ihrem ganzen Leben drei Telefone besitzen.
Das weiße mit der Wählscheibe, die zart rattert, wenn man
sie loslässt. Ein grünes mit schwarzen Tasten und ein schnur-
loses schwarzes Telefon mit vergrößerten Tasten, auf denen
auch Menschen über achtzig die Zahlen noch sehen können.
Es sind nur noch sechs Monate bis zu meiner Geburt. Ein
halbes Jahr. Seit meine Mutter wieder zu Hause wohnt, ist
die Beziehung zu meinem Vater tabu. Meine Mutter hat das
Leichtathletiktraining aufgegeben. Sie ist jetzt eine schwan-
gere Frau. Mein Vater sagt, dass er von zu Hause ausgezogen
ist. Er habe mit seiner Frau geredet. Er wolle sein Leben verändern. Ein Satz, den mein Vater meiner Mutter zuvor schon
sagte: Er wolle sein Leben verändern. Mein Vater hat sich
von seiner Ehefrau getrennt und wohnt, damals Ende zwanzig, bei seiner Mutter. Warum seid ihr nicht zusammengezo-
gen?, frage ich meine Mutter. Sie zuckt mit den Schultern.

Ich blicke auf ein kleines Wesen auf einem grauen Ultra-
schallbild. Ich entwickelte vielleicht nicht sofort Liebe. Aber
etwas Ähnliches, ich empfand Schutz. Und Vorfreude. Ich
hielt meinen Bauch fest, ich sorgte mich bei zu langer Übelkeit. Ich trank keinen Kaffee mehr, nahm Vitamine. Als ob
ich diesen Schutz auf mich selbst übertragen hätte, wurde
alles an mir angenehmer. Meine Haut wurde schöner, das
Haar länger. Mein Bauch wurde nicht größer, er wuchs nur
in Form einer Kugel nach vorn. Ich trug enge Jeans und öffnete den Knopf. Ich trug Lederleggins. Kleider. Irgendwann
alte Männerhosen. Ich versuchte, mir das Baby vorzustellen.
Es gelang mir nicht. Dennoch: Ich sehe mich auf einem Foto.

Ich sitze hochschwanger in einem grauen T-Shirt vor einem Berliner Café, ich lächle in mich hinein und halte meinen Bauch. Ich weiß: Ich bin glücklich auf diesem Bild. Was hatte ich erwartet? An einem Samstag fuhr ich mit einer Freundin mit dem Fahrrad zum alten Stammhaus des Café Einstein. Wir trafen uns früh am Morgen und ließen uns durch den Park des Tiergartens treiben, fuhren am Bauhaus-Museum vorbei und hielten dann vor der alten Villa, in der das Café lag. Wir frühstückten Madeleines, sahen die anderen Gäste an und redeten. Die Tage zuvor, die Unnahbarkeit, meine Übelkeit, das ständige Schweigen – es war für die wenigen Stunden verschwunden. Dennoch weiß ich, dass etwas da ist, das ich nicht verstehe. Mal fühle ich mich unangreifbar, dann hilflos und elend. Die Wahrheit entsteht aus Zeit und Raum und ist nie gesichert. Weil ich meine Begeisterung nicht spüre für die Dinge, die ich mag, ich spüre meine Energie nicht. Warum auch? Ich nehme die Wahrheit eines anderen an, anstatt der eigenen zu folgen. Wenn ich die Augen schließe, verlasse ich die Berliner Wohnung und sitze in einem Holzbungalow vor weitem Feld. Eine imaginäre Flucht. In der Küche setze ich Tee auf, das Baby krabbelt auf dem weichen Teppich, es regnet vor dem offenen Fenster, es ist Sommer. Ja, natürlich. Das alles fehlt mir sehr.

Ich zögere immer wieder, meiner Mutter Fragen zu stellen. Ich versuche, einen guten Moment abzuwarten. Als hätte ich nicht das Recht, sie zu fragen. Dabei sagt sie zu mir: Frag ruhig, wenn du noch etwas wissen willst. Doch wenn ich frage, dann weint sie. Es ist ein vorsichtiger Gang zurück. Meine Mutter hatte meinen Nachforschungen sofort zugestimmt. Vielleicht, weil sie abgeklärt war? Vielleicht, weil ich abgeklärt wirkte? Der Nährboden für Familiengeheimnisse, schreibt die Autorin Dorothee Döring, sind Intoleranz, religiöser und politischer Fanatismus, Unaufgeklärtheit und mangelndes Selbstwertgefühl.[38] Der Grund, warum meine Mutter und mein Stiefvater ein Geheimnis aus der Tatsache gemacht haben, dass ich einen anderen leiblichen Vater habe, ist einer Mischung aus vielen dieser Elemente geschuldet. Das geringe Selbstwertgefühl meiner Mutter aufgrund ihrer Erziehung. Die Konventionen der 70er-Jahre: Ehebruch und ein nicht eheliches Kind. Welche Konsequenzen fürchtete meine Mutter zu dieser Zeit? Die Ausgrenzung ihrer Familie? Aus der Familie, die ihr niemals den Schutz und die Geborgenheit gab, die sie gebraucht hatte? Die Ausgrenzung aus Freundschaften, aus einem gesellschaftlichen Leben? Nach Döring gibt es drei Faktoren, von denen abhängt, ob sich jemand von einer Lebenslüge befreit oder sie akzeptiert: das Ausmaß der sozialen Kontrolle durch das Umfeld, die Persönlichkeitsstruktur der Familienangehörigen und die Art des Familiengeheimnisses. Welche Wahl hatte meine Mutter? War sie mit Anfang zwanzig überhaupt stark genug, um Widerständen zu begegnen? Sie war noch nicht einmal zweiundzwanzig Jahre alt, als sie schwanger war. Und die soziale Kontrolle, die sie bis dahin erlebte, beruhte auf Ausgrenzung durch ihren Vater. Hatte sie dieser Logik nach nicht durch den Fehler ihre Rolle bestätigt? Sie hat sich selbst ausgegrenzt, indem sie sich vorauseilend als schwarzes Schaf fühlte. Die Ungerechtigkeit, die ihr damals von ihrem Umfeld ausgehend widerfahren ist, macht wütend. Sie hat sich entschieden, mir nicht die Wahrheit zu sagen. Und sie hat sich dadurch für alle in der Familie, die davon wussten, ständig angreifbar und vor allem: kontrollierbar gemacht. Als meine Großeltern mich als Kind in die Mitte und schon als Kind im Bauch meiner Mutter in Schutz nahmen, da war dies mehr eine Machtdemonstration als Sorge um das Kind. Wer hat in so einem Zusammenhang das Recht, eine Absolution zu erteilen und dadurch gleichzeitig in den Raum zu stellen, dass es sehr wohl auch andere Optionen gäbe?

Zwischen Ablehnung und Anziehung

Das Leben folgt Gesetzmäßigkeiten. Vielleicht betrachten wir es auch nur in Gesetzmäßigkeiten. So wie Zufälle sich als Zufälle zurückverfolgen ließen, boten sie mir die gleiche Sicherheit wie scheinbar kausale Zusammenhänge, die ein ganzes Leben erklären konnten.

»Nichts wirkt seelisch stärker auf die menschliche Umgebung, besonders auf die Kinder, als das ungelebte Leben der Eltern«, schreibt Carl Gustav Jung.[39] Das klingt ebenso eindeutig wie diffus. Denn was heißt seelisch stärker? Ich bin ein ruhiges Kind gewesen, eines, das man überall hinsetzen konnte und das sich zu beschäftigen wusste. Eines, das sich viele Dinge selbstständig und, so hatte ich es in Erinnerung, auch häufig ohne die Hilfe von Außenstehenden – Eltern, Freunden, Verwandten, Kindergärtnern – beibrachte. Jung beschreibt seine Mutter, Emilie Preiswerk, in einem liebevollen Ton. Liest man die Analyse des Wissenschaftlers Jung, entsteht ein anderes Bild. Das einer gespaltenen Beziehung.

Sosehr er seine Mutter auch liebte, in der Nacht fürchtete er sich sogar vor ihr. Er beschreibt sie als gespaltene Persönlichkeit, die einerseits manchmal überkommene Meinungen äußerte, diese jedoch andererseits von ihrem unkonventionellen, anderen Ich sogleich widerlegte. Nicht immer sagte sie, was sie eigentlich dachte – so der Eindruck des Jungen. Diese Tatsache lässt ihn die Mutter zum einen als liebende Mutter mit einer großen »animalischen Wärme«, Gemütlichkeit und Redseligkeit erleben, zum anderen erscheint sie ihm unheimlich, archaisch und ruchlos. Der Sohn vertraut ihr deshalb nur bedingt – was ihn ernstlich beschäftigt, teilt er ihr nicht mit. Diese zwiespältige Haltung gegenüber der Mutter wird bereits von einem Erlebnis in der frühesten Kindheit genährt. Als er drei Jahre alt ist, muss die Mutter für mehrere Monate in ein Krankenhaus in Basel. Der Knabe reagiert auf dieses Verlassensein mit Ekzemen, und ihre lange Abwesenheit macht ihm schwer zu schaffen. Später sieht Jung das Leiden der Mutter im Zusammenhang mit Eheschwierigkeiten der Eltern. »Seit jener Zeit war ich immer misstrauisch, sobald das Wort ›Liebe‹ fiel. Das Gefühl, das sich mir mit dem ›Weiblichen‹ verband, war lange Zeit: natürliche Unzuverlässigkeit.«[40]

Die Ambivalenz zwischen Urvertrauen und Misstrauen, Sehnsucht und Ablehnung ist eine Spannung, die nicht nur der Muttererfahrungen von Psychoanalytikern inne ist. Viele Geschichten schwanken zwischen der Hoffnung auf Liebe und Anerkennung und der Loslösung von der Mutter. So lese ich in der Zeitschrift Geo – »Mütter. Wie sie uns ein Leben lang prägen« – von der persönlichen Mutterbindung von zehn verschiedenen Männern und Frauen. Von diesen zehn

Erfahrungsberichten sind zwei positiv. Es überwiegt die Geschichte der manipulierenden, distanzierten, aggressiven, unnahbaren, schroffen, bedürftigen und abwesenden Mutter. »Mein Leben war eine geordnete Verwahrlosung«, schreibt eine heute Neunundvierzigjährige, deren Leben von einer abwesenden Mutter geprägt war. »Schon mit acht Jahren verbrachte ich jeden Nachmittag allein. Irgendwann habe ich Freunde eingeladen, um zusammen Schularbeiten zu machen oder zu spielen. Wenn du nach Hause gekommen bist, hast du sie ohne Kommentar rausgeworfen – das war erniedrigend für mich. Ich bin kein Kind der Liebe – eher die Folge einer Zweckentscheidung.« Und doch findet die Frau anerkennende Worte. »Toll fand ich, dass du dich irgendwann von meinem Vater getrennt hast, weil er ständig getrunken hat und die Beziehung am Ende war. Da warst du wirklich einmal mutig! Alle waren gegen dich. Und du wusstest nicht, wie es weitergehen sollte, zumal du auch noch deine Arbeit verloren hast.« Die Lebensumstände von Mutter und Tochter sind gleichermaßen bedrückend. Die Trauer um die Liebe der Mutter überwiegt in der Erinnerung. Eine Tochter erinnert sich positiv an ihre Mutter, eine Frau, die ihren Kindern viel Freiheiten gab und sich selbst, bis ins hohe Alter, eine Attraktivität erhielt, die, so die Tochter, vielleicht auch für das Wohlbefinden der Mutter nicht ganz unerheblich war. In der Todesanzeige, die sie und ihr Bruder gemeinsam versandten, stand: »Sie hatte das unerschütterliche Vertrauen, das Leben halte einen großen Vorrat an guten Erfahrungen für sie bereit.« In einem anderen Fall ist es verzweifelter Hass: »Meine Mutter ist bösartig. Sie ist willkürlich. Missgünstig. Sie ist kalt, verschlagen, verlogen und jenseits aller Vorstellbarkeit manipulativ. In ihrer Gemeinheit, auch nach fast fünfzig Jahren, für mich unberechenbar.« Die Frau erzählt, wie ihre Mutter sie anzieht und wieder abstößt. Die Mutter verletzt und demütigt ihre Tochter, sooft sie kann. Berufliche Erfolge, ein Journalistenpreis, werden akribisch beäugt und dann abgekanzelt: »Na, so toll finde ich die (Geschichte) nicht.« Dass die Tochter nicht mit ihrem leiblichen Vater aufwächst, erfährt sie zufällig von ihrer Cousine im Schulbus. Dass ihr Stiefvater im ersten Jahr mit der Mutter nichts von ihr als Tochter wusste, erfährt sie erst mit zweiundvierzig Jahren. Die Reaktion der Mutter ist Hohn: »Wie sollte ich ahnen, dass du nicht kapiert hattest, dass er nicht dein Vater ist. Du warst vier, alt genug.« Auch der Mann wird als »blöde« hingestellt, da er nichts von der Tochter gewusst hat. In welchem Klima muss diese kalte, narzisstische Mutter aufgewachsen sein? Ich erinnere mich an den Film *Im August in Osage County*. Meryl Streep spielt die herrschsüchtige Mutter Violet, die außer Wut kaum Gefühle zulässt. Ihr Mann begeht Selbstmord, es kommt zu einer Zusammenkunft mit den drei erwachsenen Töchtern.

»Schlechtes Leben? Ihr habt ein schlechtes Leben?«, schreit sie ihre Töchter an, ohne eine Antwort abzuwarten. Die Philosophin Elisabeth Badinter erzählt in einem Interview: »Eine ideale Mutter, von der man nur träumen kann, ist für mich eine Frau, die aufmerksam die Entwicklung ihrer Tochter verfolgt und durch ihr eigenes Beispiel vermittelt, dass das Leben als Frau wunderbar ist. Dass sie alles im Leben machen kann, dass die Welt ihr offen steht. Wenn sie kämpft, kann sie alles erreichen. Eine Mutter muss ihrer Tochter vermitteln, dass die Welt von morgen ihr gehören kann, sie soll sie nicht vor ihr schützen, sondern ihr beibringen, sie zu erobern.«

Immer alles miteinander in Beziehung setzen, immer eine Symmetrie sehen, immer etwas ins Verhältnis setzen. Es ist wie ein Fluch, hinter allem einen Sinn sehen zu wollen. Hinter allem eine Kategorie finden zu müssen, in die ich Dinge hineinsortieren könnte. Hier das Aufwachsen als Kind, dort die Beziehung meiner Eltern, da meine Persönlichkeit als erwachsene Frau. Jede Kategorie ist unzulässig, und das Gesamtbild bleibt immer unvollständig. Es ist immer nur eine Momentaufnahme. Oft können wir uns gar nicht betrachten, weil der Blick auf uns selbst verstellt ist. Wir sind zu nah dran. Oder zu weit weg. Oder zu tief auf die Beziehung zu einem anderen Menschen gerichtet. Der US-amerikanische Psychiater Harry Stuck Sullivan beschreibt Persönlichkeit so: »Persönlichkeit ist das relativ überdauernde Muster wiederkehrender interpersoneller Situationen, die das menschliche Leben kennzeichnen.«[41]
Meine Persönlichkeit erscheint mir heute wie ein Spektrum unterschiedlicher kleiner Bausteine, die übereinandergestapelt sind. Einzelne Beziehungsknoten. Andere Stellen, die geprägt wurden. Betrachte ich die Bausteine, könnte ich sagen: Das war ich. Und das bin ich. Ziehe ich einen der Bausteine heraus, verändert sich die Struktur, und der Körper geht in eine andere Richtung. Stecke ich einen neuen Baustein hinein, muss sich die Form erneut wieder finden. Ist es wirklich so einfach? Sicher nicht. Nachdem ich zunächst gelernt hatte, dass ich, so wie ich es nannte: *blind* gewesen war, lernte ich nun, nicht nur meine Umwelt, sondern auch mich selbst zu

betrachten. Und zu verstehen, warum ich mich verhalte, wie ich mich verhalte. Der Schweizer Entwicklungspsychologe Jean Piaget entwickelte ein System, mit dem er Muster zu erklären versuchte. Piaget ging davon aus, dass wir in der Kindheit Schemata erlernen, die sich in Mustern, Gefühlen und im Körper ausdrücken und unser Verhalten steuern. Letztlich leben wir immer in Mustern. Der amerikanische Psychologe und Psychotherapeut Jeffrey E. Young entwickelte Jahre später aus der kognitiven Therapie heraus die Schematherapie. Sie geht davon aus, dass wir bestimmte Schemata erlernen, die unsere Grundbedürfnisse befriedigen. Doch ob diese Schemata negative oder positive Auswirkungen haben, ist entscheidend, da sie das Verhalten des Einzelnen beeinflussen. Young bezeichnet die hinderlichen, früh in der Kindheit erworbenen Schemata als »frühe maladaptive Schemata« (Early Maladaptive Schemas). Bei diesem Schema handelt es sich nach Young um »ein weitgestrecktes, umfassendes Thema oder Muster, das aus Erinnerungen, Emotionen, Kognitionen und Körperempfindungen besteht, die sich auf den Betreffenden selbst und seine Kontakte zu anderen Menschen beziehen, ein Muster, das in der Kindheit oder Adoleszenz entstanden ist, im Laufe des weiteren Lebens stärker ausgeprägt wurde und stark dysfunktional ist«.[42] Ein Muster ist das Gegenteil von Chaos. Es ist ein programmiertes Pattern, auf das wir uns einlassen. Bewusst. Oder unbewusst. Und das uns in Bahnen lenkt, sodass wir uns verhalten können. Ich nannte es immer noch: ein Rätsel. Dass ich Beziehungen erschaffen hatte, in denen ich nicht lieben oder geliebt werden konnte, ist ein Satz, den ich in meinem Kopf habe. Der Psychotherapeut Mardi Horowitz spricht bei psychischen Störungen in Beziehungen von »interpersonalen maladaptiven Mustern«. Womit musste ich Liebe verwechselt haben, sodass ein maladaptives Muster entstand?

SCHULD

Als meine Mutter vierzig Jahre alt wurde, ein Alter, das ich vor wenigen Monaten erreicht habe, saß sie oft in unserem Garten auf der Bank in der Nähe des Teiches. Sie erzählte mir, dass unsere Katze – eine weiße, zarte zugelaufene Katze, die mit der Zeit immer größer und dicker wurde und stets bei meinem Bruder im Zimmer schlief – sich auf ihren Schoß setzte und sich von ihr streicheln ließ. Tiere spüren alles, sagte meine Mutter damals. Und dass die Katze spüre, wenn jemand traurig war. Wenn ich daraufhin fast rhetorisch fragte: Bist du es denn?, drehte sie den Kopf weg, obwohl ich doch vorher schon gesehen hatte, dass Tränen in ihre Augen stiegen und sie sich auf die Lippen biss. Als sie vierzig Jahre alt wurde, stand sie kurz vor der größten Veränderung in ihrem Leben: Sie würde es verlassen. Einfach gehen. Nach allem, was sie sich überlegt hatte, und allen Möglichkeiten, die sie abgewogen hatte, würde sie den Entschluss fassen, ihren Mann, ihre Kinder, ihr Haus, ihr Zuhause zu verlassen. Es ist eigentlich ein normaler Schritt, Dinge ändern sich und manchmal weiß man nicht, was das nächste Jahr bringen wird. Mein Leben verläuft seit Jahren unstet: Bleiben wir in Hamburg, gehen wir zurück nach Berlin, ziehen wir nach

Kalifornien oder aufs Land? Für meine Mutter war es der gleiche Absprung, ein leichter, der jedoch mit so vielen unsicheren Komponenten behaftet war – mein Stiefvater, ihre neue Liebe, die Scheidung, das Geld –, dass die Leichtigkeit in die Hölle führen könnte. Dennoch war der Druck stärker, die Situation verändern zu wollen. Sie konnte nicht mehr. Konnte nicht mehr ertragen, von ihrem Mann vorgeführt zu werden, in ihrem Haus mit zwei Kindern zu sitzen, konnte nicht mehr auf der Bank sitzen und die Katze streicheln. »Da muss doch noch etwas anderes sein!«, erzählte sie mir, als ich fragte, was sie in dem Moment angetrieben hat. Da muss doch noch etwas anderes sein – das hatte sie auch fünfzehn Jahre zuvor gedacht, als sie mit meinem Stiefvater den Ehealltag bestritt und sie auswandern wollte: Brasilien! Entwicklungshilfe! Das Jobangebot meines Stiefvaters für München! »Aber ich wusste, dass er nicht gehen würde.« Ich habe ihren Schritt, selbst zu gehen, maßlos verurteilt. Nicht deshalb, weil sie gehen wollte. Doch dass sie uns einschloss, mich und meinen Bruder, konnte ich ihr nicht verzeihen. Wir waren nicht eingeweiht. Wie in einem Film, in dem sich eine Figur, die den Zuschauer die ganze Zeit begleitet hat, plötzlich mit einem Knall und Staub und Sternen in Luft auflöst. Puff. Peng. Eine Fee. Eine Zauberin. Und weg war sie. Es gibt ein Foto aus dieser Zeit, auf dem sitzen mein Bruder und ich gemeinsam mit meiner Mutter vor dem Weihnachtsbaum meiner Großeltern. Mein Bruder und ich sind auf diesem Bild fast erwachsen, ich muss achtzehn Jahre alt sein, mein Bruder fünfzehn oder sechzehn. Wir sind beide in Schwarz gekleidet und wirken seltsam aufgeräumt. Ich hatte mir meine Haare blond gefärbt und halblang abschneiden lassen. Ich komme mir selbst wie eine Fremde vor. Wir hocken im Schneidersitz vor meiner Mutter, die hinter uns steht, sich zu uns herunterbeugt und lacht. Sie trägt einen knallpinken Blazer und lacht so sehr, dass ihre Augen zu kleinen Schlitzen werden. Wir lachen nicht. Der Blick meines Bruders ist ernst. Man könnte ihn auch cool und abgeklärt nennen. Meiner ist eher abwartend, als ob ich mir noch überlegte, doch zu lächeln. Beiden Gesichtern kann man das Unangenehme der Situation ansehen. Es ist kein schönes Bild, und fast ist es schade, dass es aus dieser Zeit nur dieses mit meinem Bruder und meiner Mutter zusammen gibt.

Googelt man das Wort Mutter, erhält man mehr als einhundert Millionen Einträge. Eine Mutter ist ebenso existenziell wie die Liebe. Sie ist da, weil wir geboren wurden. Jeder hat eine Mutter. Carl Gustav Jung entwickelte Archetypen, um die Grundprägung eines Menschen stärker bestimmen zu können. Archetypen stehen nach Jung für eine Grundvorstellung vom Menschsein. Er sieht eine gleiche, existenzielle Symbolik über die verschiedenen Kulturen hinaus. Der Mutterarchetyp, die Urmutter, steht für »das Gütige, Hegende, Tragende, das Wachstum, Fruchtbarkeit und Nahrung Spendende«, »die Weisheit und die geistige Höhe jenseits des Verstandes«, »die magische Autorität des Weiblichen«. Der Archetyp steht für eine »Stätte der magischen Verwandlung, der Wiedergeburt«, für »den hilfreichen Impuls, das Geheime, Verborgene, das Finstere, den Abgrund, die Totenwelt«, aber auch das »Verschlingende, Verführende, Vergiftende, das Angsterregende und Unentrinnbare«.

In meiner Kindheit steht meine Mutter am Küchenfenster, ihre schwarzen Locken sind zu einem Pferdeschwanz zusammengebunden, ihr Körper ist lang und dünn. Wenn ich ein Foto aus der Zeit betrachte, das schmale Gesicht, die hohen Wangenknochen, das blau-weiß geringelte T-Shirt, dann denke ich: Sie sieht aus wie eine Ballerina. Sie war aber keine. Keine Ballerina. Keine Sportlehrerin. Sie steht dort auf der anderen Seite des Fensters und ruft mir und meinem Bruder etwas zu. Wir stehen dort in unseren bunten Gummistiefeln und kalten Gesichtern, hören sie und hören sie doch nicht. Wir sollen Essen kommen. Mein kleiner Bruder rennt weg. Ich lache. Sie wird wütend. Ihre kleinen, feinen schwarzen Locken vibrieren um das Gesicht. Jetzt schreit sie uns durch das Fenster an. Ich kenne ihre Wut. Ihre Überforderung. Es ist nicht nur ihre Überforderung, es ist die Überforderung aller Mütter. Es ist der Moment einer harmlosen Geste. Wenn wir zu unseren Eltern werden, fühlen wir uns wie von Geisterhand geführt, versuchen, das Vertraute wieder abzuschütteln, zu vergessen, als ob es sich um eine Marotte handelt. Wenn eine Tochter zu ihrer Mutter wird, betrifft das auch die Rolle, die sie einnimmt. Vielleicht ist es eine Form von Optimismus, wenn ich im ersten Lebensjahr meines Sohnes einem Freund mit Freude erzählte: Ich habe an Status verloren. Es gibt nichts mehr, was mich ablenkt. Ich bin nur ich. Das stimmte natürlich nicht so, ich war zu diesem Zeitpunkt vielleicht gar nicht mehr ich selbst, sondern etwas, das funktionierte. Es war nicht einmal eine Mutter, so dachte ich, denn das, was ich als Mutterrolle gesehen und immer wieder gelernt hatte, war vor allem durch Glück geprägt. Im Rückblick gesehen, was ich idealisiert hatte.

Man kann bemuttert werden. Kann man auch bevatert werden? Eine Mutter von drei Kindern wünscht sich im Radio ein Lied für ihren Mann: »Ich wünsche mir für meinen Mann Martin das Lied ..., als Dank, weil er unsere drei Kinder versorgt hat, während ich vierzehn Tage lang im Krankenhaus lag und operiert wurde. Heute bin ich nach Hause gekommen. Ich habe mich frühzeitig entlassen, weil ihm die große Belastung nicht länger zuzumuten war. Ich danke dir, lieber Martin, für deine nicht wiedergutzumachende Hilfe!« Der Anruf wird in einem Artikel einer Verhaltensbiologin zitiert, der 1992 in der *Psychologie Heute* erschienen ist.[43] Die Aussage wirkt heute eigentümlich veraltet, und doch hat sich nur der Ton, nicht aber die Umstände geändert. »Ich bin doch nur die Mutter!« heißt der Artikel, in dem die Verhaltensbiologin beschreibt, wie Mütter und Väter sich um ihren Nachwuchs kümmern. In der eigenen Kliniksprechstunde für einnässende Kinder empfängt die Autorin 51 Kinder. In 46 Fällen wurden die Kinder von der Mutter begleitet, in zwei Fällen vom Vater, in drei Fällen kamen beide Elternteile. Ein Bild, das auch heute noch passt. Besonders ist jedoch diese Zahl: Von den 49 anwesenden Müttern äußern 38, dass sie am Einnässen des Kindes schuld oder zumindest mitschuldig seien. Sie selbst oder andere aus dem Bekanntenkreis seien auf die Idee gekommen, schreibt die Autorin weiter. Und: »Nicht erwerbstätige Mütter hatten die Erfahrung gemacht, dass man sich wunderte, dass sie die Kinder nicht trocken bekämen, obwohl sie ja den ganzen Tag zu Hause wären und Zeit für die Kinder hätten. Erwerbstätige Mütter bekamen dagegen als Erklärung für das Problem zu hören, dass der einzige Grund für das Einnässen ja klar sei, sie seien ja nicht zu Hause, das Kind sei ja ohne Mutter.« Als der Artikel erscheint, ist Helge Pross' Studie zur Hausfrau von 1975 siebzehn Jahre alt, ich bin in dieser Zeit zu einem Teenager geworden, doch die Verhältnisse sind die gleichen geblieben. Man sagt, Veränderungen in der Gesellschaft brauchen Zeit, oft sind es Jahrhunderte, bis manifestierte Rollen aufbrechen und sich verändern. Doch dieses Rollenverständnis ist ein junges und westliches: »Hier wird eine genussvolle, verantwortungsbewusste Zuwendung zu aufopfernder, sich selbst verleugnender Hingabe – alles wird zur Last, irgendwie hinter sich gebracht, auf beiden Seiten werden Bedürfnisse ignoriert. Und das hat vor uns noch keine Kultur gewagt«, heißt es im Artikel weiter. Die Isolation, die Mütter empfinden, ist immer noch bedrückend. Die Mutterrolle wird in den Gesellschaften unterschiedlich antizipiert. Während in Deutschland die »deutsche Mutter« von der Autorin Barbara Vinken moniert wird und die Frau vor allem als Mutter definiert ist, steht die Frau in Frankreich als Mutter vor allem zunächst an der Seite ihres Mannes. Und auch dort rackert sie sich kaputt und entfremdet sich auf eine andere Art und Weise von ihren Kindern. In der Wochenzeitung *DIE ZEIT* schreibt Margarete Moulin über eine junge Französin, Mutter zweier Kleinkinder, deren Tag um 6.30 Uhr beginnt: »Es ist vier Uhr morgens, die fünf Monate alte Mila ruft aus ihrem Bettchen. Ihre Mutter, Maryline Jury, steht rasch auf, damit der zweijährige Bruder nicht aufwacht. Sie holt das Baby und legt es an die Brust. Sie ist todmüde, aber sie ist froh über diesen stillen Moment der Zweisamkeit. Den einzigen, den sie an diesem Tag mit ihrem Baby haben wird. Bis 6.30 Uhr döst sie, dann ist jede Minute getaktet. ›Schnell, iss dein Brot! Komm, trink deinen Tee!‹, treibt sie ihren Sohn beim Frühstück an. Beim Anziehen möchte der selbst die Klettverschlüsse schließen. Dafür bleibt jetzt keine Zeit, Maryline Jury macht es schnell selber. Dann legt sie die greinende Mila in den Kinderwagen, wirft sich die beiden Kinderrucksäcke, ihre Laptoptasche plus den Rucksack mit der Milchpumpe über die Schulter, zieht Paul aus der Wohnung. 8.20 Uhr: erste Station beim Kindergarten. Sie hat nur fünf Minuten Zeit, Paul will ihr ein Bild zeigen, das er gemalt hat. ›Heute Abend!‹, verspricht sie. Die Erzieherin ruft hinter ihr her. Sie suche Freiwillige, um einen Ausflug zu begleiten. Jury sagt zu und weiß, dass sie dafür einen ganzen Urlaubstag opfern wird. Sie eilt zur Krippe, in die sie Mila seit deren zehnter Lebenswoche bringt. Eigentlich wäre die Architektin gerne länger zu Hause geblieben, ein Jahr vielleicht. Doch dann wäre der Krippenplatz weg gewesen.« Moulin schreibt weiter: »Nach wie vor wird jungen Eltern in Frankreich vermittelt, dass eine frühe Trennung aus Kindern später selbstständige Erwachsene mache und dass der zeitige Eintritt in die sogenannte *collectivité,* also in Krippe und Kindergarten, wichtig sei für ihre Entwicklung zu sozialen Wesen. Die französische Sprache kennt das Konzept der Rabenmutter nicht, aber sehr wohl das der Übermutter.« Ein Konzept, das aus der Psychoanalyse stamme, die die französische Gesellschaft ungleich stärker geprägt habe als die deutsche. »Hier gehört eine Frau in erster Linie an die Seite ihres Mannes, nicht an die ihres Kindes«, zitiert Moulin den Psychotherapeuten und Kinderarzt Adrian Serban, der seit Jahrzehnten in Frankreich lebt und arbeitet. »Dass Kinder nachts ins Elternbett schlüpfen, ist in Frankreich ein Tabu und wird als pädagogische

Niederlage gesehen, sogar als tendenziell inzestuös.«[44] Die Bindungsforschung, so Moulin weiter, spiele in Deutschland bereits seit den 1980er-Jahren eine Rolle, wohingegen die Zusammenhänge zwischen Bindung und seelischer Gesundheit in Frankreich erst langsam in das Bewusstsein der Experten sickern. Es scheint, als seien die Ansprüche eines Kindes und die Bedürfnisse einer Mutter nicht zu vereinbaren. Im Alltag werden die Bedürfnisse der Mütter bis heute nicht berücksichtigt. Mit *Regretting Motherhood* spricht eine israelische Soziologin im Jahr 2015 das hartnäckig verschwiegene Thema der ungewollten Mutterschaft an, Orna Donath, neununddreißig Jahre alt und kinderlos. Eine Studienteilnehmerin erzählt, Muttersein »sei halt die Auseinandersetzung mit dem nunmehr Unvermeidbaren«. Sie ist nicht die erste Frau, die das Tabu öffentlich macht. In ihrer Studie zitiert sie die Autorin und Feministin Adrienne Rich, die bereits 1976 ihren Unmut öffentlich machte: »Meine Kinder bereiten mit den heftigsten Schmerz, den ich je erfahren habe. Es ist der Schmerz der Widersprüchlichkeit: der mörderische Wechsel zwischen bitterem Unmut und aufgeriebenen Nerven und seliger Befriedigung und Zärtlichkeit.«[45] Es ist nach der Literatur zu urteilen einfach, sich vorzustellen, dass aus der Mutterrolle ein ganz bestimmter Muttermythos entstanden ist. Mutterliebe, Aussöhnung, Schuld, Hoffnung, Schmerz sind häufig die Begriffe, die mit dem Begriff Mutter verknüpft werden. Nicht Sicherheit, Ruhe, Stärke. Nicht Erfolg. Ich bin diese Frau, die ihr Kind morgens in den Kindergarten bringt und den ganzen Tag arbeitet. Wie sind wir alle zu ihr geworden?

Die Schuld der Mutter

Je größer der Bauch meiner Mutter wird, desto mehr streiten sich meine Eltern. Beide sind überfordert. Meine Mutter wohnt wieder bei ihren Eltern. Sie muss sich unterordnen. »Du bist nur wegen des Babys hier«, sagt ihr Vater. Als ob sie das nicht wüsste. Als ob sie das nicht spüren würde. Es ist eine Schande, von einem verheirateten Mann schwanger zu sein. Mein Vater, der zwischen zwei Frauen und zwei Familien steht, zögert eine Entscheidung hinaus. Er steht unter dem Druck seiner Eltern, meine Mutter unter dem Druck ihrer Eltern. Und unter dem Druck, eine Entscheidung treffen zu müssen. Die Eltern meiner Mutter hassen den Mann, den sie liebt. Er, der Mann mit den dunklen Augenbrauen, der meine Tante an einen Indianerhäuptling erinnerte, dieser Mann darf ihr Haus nicht betreten. Er, der große Mann, der gern in seinem langen dunklen Mantel durch die Straßen schreitet, immer etwas zu melancholisch im Gesicht, wie sich mein Onkel erinnert, würde etwas verlieren, das weiß er, das ahnt er. Aber was kann er dagegen tun? Viel zu oft trinkt er zu viel, meine Mutter wird noch wütender und beide bleiben, jeder für sich, im Haus ihrer Eltern zurück. Für Zweisamkeit gibt es schon lange keinen Platz mehr. Doch sie treffen sich auf Spaziergängen, fahren mit seinem schnellen Ford Capri durch die Landschaft. Mein Onkel erinnert sich an ihre Streitereien. Er sitzt eingeklemmt auf dem kleinen Rücksitz des Wagens, als mein Vater nach einem Streit zu meiner Mutter sagte: Jetzt muss Schluss sein.

Wenn ich ins Bett gehe, allein, versuche ich, die Augen zu schließen, stattdessen fühle ich den Abstand der Räume, in denen wir sitzen. Ich auf dem Bett, er auf dem Fußboden vor einem Blatt Papier. Noch vor Kurzem hatten wir in diesen Räumen Silvester verbracht. Auf dem runden Tisch standen gedeckte Teller, der Plattenspieler lief und wir tanzten alle durch die Räume. Jetzt ist die Musik hinter einer verschlossenen Tür zu hören. Das Licht schimmert durch den Türschlitz. Jeder einzelne Raum wirkt so fremd. In der Küche stapeln sich die Verpackungen und Töpfe, die er benutzt hat. Sobald die Sonne verschwindet, umgibt die Wohnung so etwas Kaltes, das sich direkt mit mir verbunden hat. Ich fühle es. Will ich das? Mich so einengen lassen von einem Menschen. Als ob es darauf eine Antwort gäbe. Ja. Nein. Vielleicht. Immer wieder das totale Zerfleischen auf beiden Seiten. Es erinnert mich an eine frühere Beziehung. Doch ich will keine Erinnerung und keinen Vergleich. Die Realität ist schneller da, als man denkt. Gestern dachte ich, ist alles vorbei. Keine Lust mehr. Ich bin wichtiger als das. Ich lass mich nicht zerfleischen. Ich habe keine Lust zurückzustecken. Meine Mutter hat sich immer noch nicht gemeldet. Gestern hat es mich kurz traurig gemacht. Weil ich Liebeskummer hatte. Obwohl ich doch eigentlich verliebt bin. Das Gefühl hat gelitten. Ich bin leerer geworden. Aber auch neu. Will ich das alles wirklich? Ich bin aus meiner Struktur gefallen und habe leichten Schweiß auf der Stirn.

Wir waren auf der Durchreise gewesen, auf der Fahrt von Kopenhagen nach Berlin, und hatten in Hamburg haltgemacht. Ich hatte meine Tante und ihren Freund zum Essen eingeladen. Ich hatte gesagt, lass uns doch in das schöne Restaurant auf der Fleetinsel gehen, und ich meinte eines der Restaurants im Souterrain mit Blick auf den Fleet, in denen die Tische mit weißen Tischdecken bezogen sind und die Sessel in grünem Samt. Ich mochte dieses Lokal. Ich mochte die Tischdecken und den Blick aufs schwarze Wasser am Abend, die langen Fenster mit den hölzernen Rahmen. Einmal hatten wir dort mit mehreren zu Abend gegessen und einen Geburtstag gefeiert, ich kann mich nicht mehr daran erinnern, welchen. An der langen Tafel saßen alle Gäste, es war laut und man nahm nur noch seinen direkten Tischnachbarn wahr, als sich der Blick wieder weitete, weil eine Frau in den Raum kam, die offensichtlich ein Abendessen mit einem Mann hatte, auf den sie jetzt zuging. Ein Date. Sie war auf der Toilette gewesen und jetzt schritt sie durch den Raum und setzte sich an den Tisch, den sie kurz zuvor verlassen hatte, sie lächelte und doch war etwas Unsicheres an ihr. Und als sie sich setzte, da war es, als ob der halbe Raum hinter ihrem Rücken das bemerkte, was ihr verborgen blieb. Aus der weißen Bluse baumelte ein Preisschild, und man konnte klar erkennen, dass es ein Preisschild der Marke H&M war. Ich weiß nicht, ob es Scham oder Mitleid war, zumindest eines von beiden, das mich und den anderen Teil des Raumes befiel, zumindest alle Frauen, mich umzudrehen und ihr zu helfen. Die Männer schienen es nicht zu bemerken, nur einer, er lachte. Ich wusste nicht, ob ich aufstehen sollte, hatte aber das große Bedürfnis, dieser Frau zu helfen. Ich drehte erneut meinen Kopf. Schließlich stand eine Frau auf und ging beherzt, aber behutsam auf die Frau zu, zog sie vorsichtig von ihrem Stuhl hoch und führte sie durch den Raum. Das ist so viele Jahre her.

Nun sitzen wir dort in diesem Lokal, in einer Stadt, die für mich fremd geworden war, deren Lokale sich aus meiner Erinnerung formen und von denen ich nicht mehr sagen kann, ob sie gut oder schlecht waren, und bestellen uns Essen, wie zwei Paare es tun, die sich gegenübersitzen. Höflich, zuvorkommend, abwartend, worüber die andere Partei nun erzählen würde. Wir sind ja gerade aus Kopenhagen gekommen, einer Stadt, die ich ihm zeigen wollte. Das Kopenhagen, das meine Zuflucht geworden war, wenn mir in Hamburg vor Langeweile die Decke auf den Kopf fiel. Doch etwas hatte sich mit ihm verändert. Es war mein Fiskrestaurant im Meatpacking District, in dem ich den Sandorn-Gin nicht trinken konnte, da ich nun schwanger war. Und er ihn nicht mochte und deshalb nicht trank. Es war mein Louisiana Museum, in dem ich die Gänge entlanglief und dankbar war für jedes Bild, in dem er daran dachte, hier selbst auszustellen, und eine seiner Editionen am Eingang für den Direktor abgab. Es war mein Café Emmerys, in dem ich entkoffeinierten Kaffee trank, während er feststellte, dass ich anscheinend einen Blick für jegliche Designercafés in einer Stadt hätte. Er meinte es nicht nett. Es war nicht mein Hotel, das wir uns aussuchten. Wir nahmen ein günstigeres. Da weder er noch ich viel Geld hatten und wir uns das Hotel, das ich mir sonst leistete, wenn ich nicht bei Freunden übernachtete, nicht leisten konnten. Das Zimmer war absurd. Es lag direkt unter dem Dach, wie in einem Vogelhaus, das man auf das Dach gesetzt hatte. Man musste eine Außentreppe nehmen und nochmals eine kleine Stufe, um zur Tür zu gelangen, die gleichzeitig die Zimmertür war. Es war kalt und es schneite. Und so standen wir vor der Zimmertür im Freien und suchten die Schlüssel, während die Aussicht den Blick auf Kopenhagen freigab. Ich bibberte und er fluchte. Das Bett war schmal und vor allem sehr weich. Er versuchte, mich zu umarmen, doch ich sank in der Matratze ein und war genervt. Alles war einen Zentimeter zu klein oder zu groß, jedoch nicht ich bemerkte es, sondern wir beide, das Gefühl schlich sich zwischen uns ein. Am nächsten Morgen, gerade in dem Moment, in dem er aus der Dusche kam, fing ein ungeheures Dröhnen an. Wir schauten uns an, hörten hin und zuckten mit den Schultern. Es dröhnte nochmals, dann wurde der Ton schriller, bis ich dachte: Das ist Feueralarm. Ich sagte ihm, wir müssen nach draußen sehen, und so lief ich als Erste nach draußen, da ich bereits geduscht hatte und angezogen war. In den unteren Gängen liefen einige Leute hin und her, ich sah eine Putzfrau aus dem Fenster schauen, sie hatte Bettwäsche auf dem Arm, schien aber nicht sonderlich beeindruckt. Wir müssen raus, sagte ich. Das ist Feueralarm. Ich roch etwas und dann sah ich aus einem der Fenster im zweiten Stock Rauch aufsteigen. Wir waren mindestens im fünften. Ich bekam Panik und dachte an das Kind und zerrte: Wir müssen raus, das ist Feueralarm. Ich zog meine Jacke an, während er langsam in seine Jeans stieg. Ich dachte, er würde betont langsam gehen. Ich dachte auch, er macht sich über mich lustig. Und dass er mich als freudloses, ängstliches Wesen ansah. Das war ich wahrscheinlich auch: ein ängstliches und freudloses Wesen. Das dachte ich wirklich.

Es war nicht mehr mein Kopenhagen. An allem klebte Scheiße. Daran dachte ich jedoch nicht mehr, als wir in dem Restaurant saßen. Es war, als würden wir nun unsere Liebe feiern. Sie bekräftigen und vor einem Teil meiner Familie bezeugen. Meine Tante hatte Wein bestellt und sie unterhielt sich lachend mit mir, während er und auch der Freund meiner Tante sich zögernd annäherten. Am Abend erzählte ich ihm, dass ich nichts von dem Freund meiner Tante hielt. Es ist nicht echt, sagte ich. Und sie macht sich klein. Als wir ins Bett gingen, legte er seinen Kopf auf das Kissen, schaute mich an und sagte:

»Ja, das war mir von Anfang an klar: Dem ist alles egal.«

In den 1960er-Jahren wird im Haus meiner Großeltern mit der ganzen großen Familie Weihnachten gefeiert. Ein Weihnachtsbaum mit echten Kerzen und viel Lametta an den Ästen steht in der Ecke des Wohnzimmers. Unter dem Baum liegen die Geschenke für sieben Kinder. Meine Mutter war zu dieser Zeit eng an ihre zwei Jahre ältere, herzkranke Schwester gebunden. Die kleine Schwester, meine Mutter, musste auf die kranke, große Schwester achtgeben. Sie stehen oft zusammen auf den Fotos aus ihren Kindertagen. Ein lächelndes kleines dunkelhaariges Mädchen mit Zöpfen und dunklen Augen, meine Mutter, daneben meine dunkelblonde Tante, ebenfalls mit Zöpfen, doch immer etwas ernster um die Mundwinkel. Sie tragen ähnliche Kleider, die meine Großmutter selbst nähte. Einmal zeigte mir meine Mutter ein Bild, das sie allein zeigt. Auf der Rückseite des alten schwarz-weißen Fotopapiers steht in der Schrift meiner Großmutter: »Kiki im Schlick«. Kiki, das war ihr Spitzname. Das klingt niedlich. Und liebenswert. Meine Mutter hatte mir nie von diesem Spitznamen erzählt. Sie war ein kleines Kind, doch die Rollen und dazugehörigen Erwartungen waren klar verteilt. Kiki musste die ältere Schwester an die Hand nehmen. Doch nun ertönt das

Glöckchen, und die jüngeren Kinder kommen die Treppe heruntergerannt, während die älteren Brüder erst langsam aus ihren Zimmern hervorkommen. Und als meine Mutter endlich mit ihrer Schwester zusammen in das Wohnzimmer gehen durfte, sie rannten immer noch, erinnert sich meine Mutter, da liegen vor dem Baum auf einem Tischchen zwei Puppen. Eine dunkle Puppe mit dunklem Haar und eine weiße Puppe mit blondem Haar.

»Meine Schwester ging wie selbstverständlich auf die schöne weiße Puppe mit blondem Haar zu«, erzählt meine Mutter, »und deine Oma sagte, genau, das ist deine Puppe. Und ich musste die andere nehmen.« Es berührte mich zu hören, wie meine Mutter zwischen diesem deutlichen Schwarz und Weiß den vermeintlich Kürzeren ziehen sollte. Auch wenn es nur eine Puppe war, so waren es deutlich sichtbare Unterschiede, die diese Puppe ausmachten. Schwarz und Weiß. Mit dem erwachsenen Blick erscheint diese Parabel zweier Puppen und den Schwestern als überzogen. Doch dieses Verständnis oder eine reflektierte Vorstellung haben kleine Kinder nicht. Die amerikanische Psychologin Joyce Block schreibt in *Du bist unser Wunderkind und du das schwarze Schaf*: »Kinder begreifen sich über die Vorstellungen, die sich ihre Eltern von ihnen machen, und nehmen sie als real an. […] Kleine Kinder sind nach ihrer Natur ganz auf sich selbst bezogen und können sich weder in die Lage anderer Menschen versetzen noch sich von dem, was in den Köpfen ihrer Eltern vor sich geht, eine Vorstellung machen.«[46] Die Vorstellung meiner Mutter von den Puppen zeigte eine Welt, in der es keine Zwischentöne gab. Meiner Mutter war klar: Sie hat den Schatten bekommen. Und sie wusste, dass sie sich nicht darüber beschweren durfte. Es war ein Geschenk. Ihre Welt war eingeteilt in das Gute und das Böse. Wenn meine Mutter von diesem Abend erzählt, dann verschwindet der Rest in ihrer Erinnerung. Es ist diese eine Szene, die für sie entscheidend war. Für meine Großmutter, die Frau, die gemeinsam mit ihrem Mann diese Puppen besorgte, für beide die Kleidung strickte und beide später in einen Puppenwagen legte, muss dies ein gut gemeintes Geschenk gewesen sein, hinter dem Hilflosigkeit steckte. Ihre Generation war noch stärker in Rollen gefangen. Auch im Sinne von gut und böse – ihnen wurde deutlich gemacht, ab wann man ein guter Mensch ist. Und Reflexion war verboten. Und Kinder? Kinder vergessen. Meine Mutter war in ihren Erzählungen die, die den Kürzeren zog. Hatte sie sich mit ihrer Rolle abgefunden? Joyce Block schreibt: »Egal in welchen Mythen ein Kind von seinen Eltern eingespannt und dazu benutzt wird, deren Phantasien auszuagieren, die mythische Identität des Kindes wird auf Kosten eines authentischen Selbstbewusstseins gebildet und aufrechterhalten.«[47] Eine Puppe ist eine Möglichkeit, sich selbst zu erkennen. Die Puppe sagte meiner Mutter: Du bist böse, du bist dunkel. Welche Sehnsucht hatte meine Mutter als kleines Mädchen an diesem Weihnachtstag? Sicher nicht das Bedürfnis nach einer Welt, in der es neben der Goldmarie auch immer eine Pechmarie gab.

Mütter geben Töchtern ein Rollenmodell mit. Zur Nachahmung oder Abgrenzung. Ich wollte nie so werden wie meine Mutter, dachte ich oft. So wie meine Mutter es gedacht und laut ausgesprochen hatte. Hätte meine Mutter den Mut gehabt, ihre Wünsche auszuleben, ihr Leben zu leben, sie wäre mein Vorbild geworden. Es gibt einen Begriff, der diese Angst

umfasst, so zu werden wie die eigene Mutter: Matro-
phobie. Nachdem ich einen Artikel zu meiner Geschichte in
der *ZEIT* veröffentlich hatte,[48] erreichte mich diese E-Mail:
»Als Kind habe ich mich stärker als meine Mutter empfunden und später alles ›Mütterliche‹ als scheinbare Schwäche
gemieden. Nicht die mütterlichen Frauen wurden geliebt,
sondern die unerreichbaren, unabhängigen – so meine Erfahrung, die mich ebenfalls dazu gebracht hat, paradoxer-
weise genau so zu sein, wie ich nicht sein wollte. Nun ja, den
Artikel habe ich nun meiner Tochter vorgelesen, sie ist vier
Monate alt.« Warum fürchten wir uns davor, so zu werden
wie die Person, die uns am liebsten ist? Oder sollte es heißen,
die uns am wichtigsten ist? Eine Mutter spielt immer noch
eine geringe Rolle in der Gesellschaft. Das Ideal ist hoch, der
Status niedrig. Es ist nicht nur die besonders enge Beziehung,
die wir als Kinder, vor allem als Mädchen, zur Mutter haben.
Wir haben auch gelernt, dass Mütter an den Problemen der
Kinder schuld sind. Die Psychotherapeutin und Autorin Paula
Caplan schrieb schon vor fünfundzwanzig Jahren in *So viel
Liebe, so viel Hass* (orig.: *Don't Blame Your Mother*): »Die
Fallgeschichten meiner Kollegen konzentrierten sich weiterhin nicht darauf, ob die Mutter das Problem verursacht hatte,
sondern wie sie es getan hatte.«[49] Auch andere Autorinnen,
wie die französische Philosophin Élisabeth Badinter, schrieben
gegen das Ideal einer »perfekten« Mutter an, das die Töchter
jedoch bereits verinnerlicht hatten. Auch ich tappte in die
Falle und verlangte nach der perfekten Mutter. Verständnis
für ihren Rückzug hatte ich erst, als ich selbst Mutter wurde
und in einer schwierigen Beziehung steckte. Die Schuld der
Mutter ist die Schuld der Frau, die wir seit Eva kennen. Die

Frau als das symbolisch Verräterische. Das Böse. Erst als Mutter wird eine Frau heilig. Vor Kritik schützt das jedoch nicht. Obwohl ich mich so weit von meiner Mutter entfernt habe – ich habe studiert, bin in die Großstadt gezogen, weit gereist –, blieb ich doch in meinem Inneren, mit meinen Wünschen und Ängsten, die sich alle nun in dieser Wiederholung zeigen, ganz nah bei ihr. Auf der gesellschaftlichen Ebene sind Frauen scheinbar emanzipiert. Doch hier, im kleinen Individuellen, merke ich, die ich doch immer selbstständig war: Der Weg ist weiter, als ich dachte.« »Wenn heute ein Mädchen zur Welt kommt, hat sie tausendmal mehr Möglichkeiten als eine Frau, die vor sechzig Jahren geboren wurde. Aber weil ihr Vorbilder fehlen, bezahlt sie für diese Freiheit mit Angst. Sie muss eigene Vorstellungen finden und das Leben, das zu ihr passt.« Das sagte Élisabeth Badinter in einem Interview.[50] Ich weiß, dass ich händeringend nach Vorbildern gesucht habe. Nach authentischen Frauen, die ihr Leben selbstbestimmt leben. Und glücklich dabei sind. Nicht: anders. Doch diese normalen erfolgreichen, selbstbestimmten Frauen gab es nicht. Die klugen Frauen waren immer etwas zu speziell: gedrungen, groß und zart oder langnasig wie Virginia Woolf, sie hatten graue Strähnen wie Susan Sontag oder rauchten, sodass ihre Stimme rau und feist wurde wie die von Hannah Arendt. Die schönen Frauen, die nie klug waren, verzauberten alle Zuschauer in den Vorabendserien. Sie waren die Gehilfinnen der männlichen Hauptdarsteller, stets mit leicht geöffnetem Mund und einem tief ausgeschnittenen Dekolleté. Es gab in dieser Zeit keine Ärztin, keine Anwältin, keine Ermittlerin, die eine Serie bestimmte. In einem Interview mit der Moderatorin Oprah Winfrey sagt die meistgelesene Autorin unserer Zeit, J. K. Rowling, folgenden Satz: »Ich glaube, mit der Wahl meine Ehemanns habe ich Muster aus meiner Herkunftsfamilie wiederholt – wie wir das so oft tun.«[51] Ich habe dieses Interview mehrmals gesehen. Ich suchte nach Ähnlichkeiten. War sie eingeschüchtert? War sie auch so ernüchtert? So überfordert? Jahre später erzählt J. K. Rowling von einer Versöhnung mit ihrem Vater, zu dem sie einen schlechten Kontakt hatte. Dann gibt es wieder einen Kontaktabbruch. Ich sehe mir das Interview noch einmal an. Oprah Winfrey sitzt vor ihr in einem Hotel in Edinburgh und fragt: »Was hat Ihre erste Ehe Sie über sich selbst gelehrt? Darüber wurde nicht viel berichtet, und Sie haben nicht viel darüber gesprochen – nur dass sie kurzlebig war. Ich glaube, dreizehn Monate und ein Tag?«

Rowling: Ja, so war's. Sie sind gut.
Winfrey: Dreizehn Monate und einen Tag. Welche Lehren haben Sie daraus gezogen?
Rowling: Nun, am allerwichtigsten an dieser Ehe ist mir, dass ich es wieder tun würde, genau so, Schritt für Schritt, um Jessica zu bekommen – sie ist so unglaublich, und sie macht diese Welt besser. Also, ich bereue rein gar nichts.
Winfrey: Okay.
Rowling: Ich glaube, mit der Wahl meines Ehemanns habe ich Muster aus meiner Herkunftsfamilie wiederholt – wie wir das so oft tun.
Winfrey: In der Tat.
Rowling: Ja, nicht wahr? Sie fragen, was mich das gelehrt hat. Ich glaube, ich habe gelernt – und darauf bin ich stolz –, dass ich einen starken Überlebenswillen habe. Denn als

181

ich wusste, dass es an der Zeit ist zu gehen, da bin ich gegangen.

Winfrey: Haben Sie sich selbst besser kennengelernt?

Rowling: Mit der Zeit. Aber ich kann nicht behaupten, ich
wäre einfach aus dieser Ehe und Erfahrung spaziert und
hätte sagen können, jetzt bin ich irgendwie erleuchtet – ich
war ziemlich erschüttert. Ich hatte ein sehr, sehr kleines
Baby. Und dann landete ich geradewegs in Armut und De-
pression. Auf eine seltsame Art und Weise fühlte sich das
alles schon enorm erleuchtet an. Aber ich habe eine Menge
nachgedacht, nachdem die Ehe zu Ende war. Hauptsäch-
lich über mich. Warum das alles so war.«

Die erste Ehe von J. K. Rowling, in deren Beschreibung der
Mann nicht namentlich erwähnt wird oder er als Mann auf-
taucht, wie ausgelöscht scheint, war kurz. In Momenten der
Krise werden wir auf uns selbst zurückgeschmissen. Ich erinnere mich an das Gefühl: statuslos zu sein. Ich suche nach
Begriffen, die das, was ich unter Kontrolle zu haben glaubte,
erklären.

GESPEICHERTE GEFÜHLE

Welche Vorbilder hatte meine Mutter? Meine Mutter überlegt, dann sagt sie: Nein, Vorbilder hatte ich keine. Und dann:
Doch! Fräulein Krüger war die Englischlehrerin der Schule.
Jung, hübsch, braunes, feines Haar. Sie war modern, fort-
schrittlich. Englisch war in den 1960er-Jahren ein Wahlpflicht-
fach, das nur mit Zustimmung der Eltern belegt werden durfte.
Meine Mutter und ihre Schwester durften es nicht belegen.
Sie waren die Einzigen in der Klasse. Gab es noch jemanden,
der ein weibliches Vorbild war?, hake ich nach. Meine Sportlehrerin, natürlich, erzählt meine Mutter. So geduldig. Diese
nordische, große, herzliche Frau. Diese Frau hatte zusammen
mit ihrem männlichen Kollegen ebenfalls meine Großeltern
bekniet, meine Mutter stärker zu fördern. Meine Mutter, die
für die Deutschen Meisterschaften in Leichtathletik zugelas-
sen worden wäre. Es ist nicht müßig, danach zu fragen, wer
meine Mutter geworden wäre, wenn sie den Zuspruch und
die Bestätigung bekommen hätte, die sie gebraucht hätte. Wie
sieht sich meine Mutter heute? Als ich ihr die Frage stelle, wie
sie sich sieht, überlegt sie ein paar Minuten und sagt dann,
dass sie auf diese Standardfrage nicht antworten könne. Ich
bin überrascht von der schroffen Antwort. Sie steht vor mir,
in der Küche, ich sitze am Tisch. So wie sie da steht, sie hat
ein Küchenhandtuch in der Hand, so erinnere ich sie oft. Immer am Machen. Immer etwas zu tun. Ich als Mutter bin
nicht anders, das Küchenhandtuch habe ich gegen ein Lap-
top eingetauscht. Und ich habe ein schlechtes Gewissen,
wenn ich vor meinem Kind arbeite. Das hatte meine Mutter
sicher nicht. Warum auch. »Wenn wir in der Psychologen-

runde zusammensitzen«, sagt meine Mutter und meint eine Supervision in ihrem Job als Coach, »dann müssen wir immer ein Bild malen. Nicht von uns, einfach nur ein Bild. Dass denen nichts Neues einfällt.« Jetzt lächelt sie auch und beginnt: »Ich glaube, ich habe viel Geduld. Ich kann gut zuhören. Ich glaube, dass ich liebenswert sein kann. Ja, ich bin schon ein fröhlicher Mensch geworden. Wesentlich zuversichtlicher, offener, als ich es vorher war. Nein, ich war es schon vorher, es wurde immer gedeckelt. Ich versuche, für andere da zu sein. Ich lache gern. Schlecht gelaunt hat mich auf der Arbeit, glaube ich, noch keiner gesehen. In Gemeinschaft sein, das brauche ich.« Dann hält sie kurz inne und sieht mich an. »Ich fühle mich als Spätentwickler. Nicht so, als ob ich etwas verpasst hätte, eher so, dass ich für die Dinge Zeit brauche. Ich bin zwar schon fast sechzig, fühle mich aber wie vierzig. Ich bin spät ins Berufsleben eingestiegen. Und habe meine Interessen erst spät entwickelt.« Die spannendste Zeit meiner Mutter, so erzählt sie, begann mit der Scheidung von meinem Stiefvater. Mit dem Bruch, auch von uns Kindern. »Mich erkennen, frei zu leben, das war was. Jeder neue Schritt hat viel Spaß gemacht.« Ich höre ihr gerne und lange zu. Dann dreht sie sich noch einmal um und sagt: »Ich habe immer gedacht, ich müsste anders sein.« Wie?, frage ich. Sie zuckt mit den Schultern. »Nur anders, dann mögen mich die Menschen auch. Das habe ich gedacht.«

Meine Welt formt sich aus Geschichten, aus Erinnerungen, aus erinnerten Emotionen, Ängsten und Hoffnungen. Mit jeder Erinnerung formt sich ein Stück meiner Lebensgeschichte. Ich schreibe mich auf. Das bin ich. Es ist ein autobiografischer

Prozess, der Stück für Stück eine Identität erschafft. Identität entsteht in einem autobiografischen Prozess, in dem Erinnerung und Erzählung miteinander verbunden sind. Jede Erinnerung ist meiner Interpretation geschuldet. In *Wir sind Erinnerung* beschreibt Daniel L. Schacter, Psychologieprofessor an der Harvard University, wie genau wir Erinnerungen speichern und dass Erinnerungen mit Bedeutungen und Gefühlen abgespeichert werden. Oft werden Gedächtnisinhalte ohne Bewusstsein gespeichert und wieder abgerufen. Man spricht dabei vom impliziten Gedächtnis. Als Abgrenzung zum expliziten Gedächtnis, welches unser autobiografisches Gedächtnis enthält. Diese Inhalte werden bewusst erinnert, wir können sie erzählen und darüber nachdenken. Kinder lernen über Imitiationslernen – sie ahmen nach.[52] Was sind das für Botschaften, die ein Kind aufnimmt? Welche offenen Botschaften und welche geheimen werden mitgeteilt, welche nicht? In Ibsens Familiendrama *Gespenster* ist ein Familiengeheimnis Ausgangspunkt einer Tragödie. Der Ehemann des Hauses Alvig bekommt nicht nur ein Kind mit seiner Frau, einen Sohn Osvald, sondern auch mit dem Dienstmädchen, eine Tochter Regine. Er ist Alkoholiker. Das uneheliche Kind und der Alkoholismus werden von der Ehefrau verschwiegen. Osvald wird früh von zu Hause weggeschickt, Regine als Dienstmädchen eingestellt. Doch die Geschichte nimmt ihren Lauf, und Regine und Osvald fühlen sich zueinander hingezogen. »Als ich Regine und Osvald da drinnen hörte«, erzählt die Figur Alvig in Ibsens Stück, »war mir's, als sähe ich Gespenster vor mir. Aber ich glaube beinahe, Pastor Manders, wir alle sind Gespenster. Es ist nicht allein das, was wir von Vater und Mutter geerbt haben, das in uns umgeht. Es sind allerhand alte, todte Ansichten und aller mögliche alte Glaube und dergleichen. Es lebt nicht in uns; aber es steckt in uns und wir können es nicht los werden. Wenn ich nur eine Zeitung in die Hand nehme, um daraus zu lesen, so ist's mir schon, als sähe ich die Gespenster zwischen den Zeilen umher schleichen. Im ganzen Lande müssen Gespenster leben. Mir ist's, als müßten sie so dicht sein, wie der Sand am Meer.«[53] Kinder übernehmen die Werte der Eltern. Die Langzeitstudie LifE der Universitäten Potsdam, Zürich und Konstanz hat 1600 Personen in einem Zeitraum von mehr als dreißig Jahren zur eigenen Entwicklung befragt. Diese Prägung heißt Priming. Unser Gedächtnis hat sich im Laufe seiner Entwicklung mit Inhalten imprägniert. Die werden unbewusst noch vor der eigentlichen bewussten Entscheidung abgerufen. So werden sie unbewusst von gelernten Inhalten geleitet. *Das Gefühl wird zur Gewohnheit.* Erst unsere Erinnerung macht uns zum Menschen, schreibt Schacter.

Im Frühjahr begann eine Zeit, in der ich damit anfing, mich kleiner zu machen. Ich fühlte mich wackelig. Es ist später Abend in Berlin und ich schaue aus dem Fenster hinaus auf die Linden, die keinen Schnee mehr um sich haben und nun feine Knospen tragen. Irgendwo in der Mitte Berlins singt ein Vogel so durchdringend und klar, dass ich weiß: Es ist eine Nachtigall. Es ist ein Uhr nachts. Es zwitschert. Stille. Dann setzt der Vogel erneut an. Ein Nachtsänger. Er kündigt den Frühling an. Er ist ein Symbol der Liebe. Und er ist ein Ankündiger des Todes, er soll den Sterbenden einen angenehmen Tod bringen. Ich fühle weder Tod noch Liebe. Ich kenne dieses Gefühl. Nach dem siebten Monat der Schwangerschaft hatte ich mich verloren. Ich wusste es. Ich hatte etwas aufgegeben. Ich suchte Schutz, doch bei einem Abendessen mit Freundinnen sagten alle: Du leuchtest. Du bist so schön. Ich lächelte und streichelte über meinen Bauch. Es war der sechste Schwangerschaftsmonat, im siebten würde ich vor allen Dingen kapitulieren. Ich traute mich nicht, Babysachen zu kaufen. Nichts fühlte sich selbstverständlich an. Dennoch plante ich einen Wohnungstausch mit einem Paar in Paris, ich machte Fotos im gelben Sonnenlicht und schrieb, dass wir vor der Geburt des Babys noch einmal eine Zeit in Paris verbringen wollen würden. Und während ich dies schrieb, glaubte ich mir kein Wort. Nun saß ich mitten in der Nacht auf dem Fußboden und blätterte in meinen Büchern. »Der Andere macht sich davon, ich bleibe da. Der Andere ist im Zustand immerwährenden Aufbruchs, im Zustand der Reise, er ist, seiner Bestimmung nach, Wanderer, Flüchtiger; ich, der ich liebe, bin meiner umgekehrten Bestimmung nach sesshaft, unbeweglich, verfügbar, in Erwartung, an Ort und Stelle gebannt, nicht abgeholt wie ein Paket in einem verlassenen Bahnhofswinkel.«[54] Wie ein Paket in einem verlassenen Bahnhofswinkel. Das schreibt Roland Barthes in *Fragmente einer Sprache der Liebe*. Das Buch liest sich wie die Tonspur der Liebe. Barthes hat ein ganzes Werk über die Emotionen, Gedanken und Versatzstücke einer Beziehung geschrieben. Doch jede dieser Emotionen liest sich wie etwas, das einem anderen zugestoßen ist und nichts mit mir zu tun hat. Als meine Mutter nach der Trennung von meinem Stiefvater ausgezogen war, in eine Wohnung in einer anderen Stadt, da bin ich sie einmal besuchen gefahren. Und hatte gedacht, wir könnten essen gehen. Wie Mutter und Tochter, die gemeinsam draußen sitzen und sich einander erzählen. Als erwachsene Frauen. Ich war neunzehn Jahre alt. Fuhr mit dem Wagen zu ihr. Ich erinnere mich, dass ich nicht erwartete, dass sie mit mir gehen würde. Als ob die Hoffnung darauf stärker war als die eintreffende Realität. Doch die Hoffnung trieb mich dahin und ich klingelte und sie öffnete mir nicht. Ich klingelte erneut und sie öffnete die Tür, jedoch nur einen Spalt, sodass ich ihr Gesicht sehen konnte. Hallo, sagte ich. Was ist los? Nichts, sagte sie, ich kann jetzt nur nicht. Ich blieb vor der Tür stehen und ein Gefühl stach mir in den Bauch. Ein Gefühl von Bodenlosigkeit und Angst. Okay, sagte ich. Ich wollte nur mit dir was essen gehen. Vielleicht können wir ein anderes Mal ...? Sie schüttelte den Kopf: Jetzt nicht. Ich kann es nicht sagen. Ich fühlte mich plötzlich wie ein Eindringling. Nicht wie ihre Tochter. So sollte es bleiben.

Der Blick in Berlin hinaus aus dem Fenster. Allein gelassen werden. Trotzdem nicht gehen. Was brauchst du noch, um zu gehen? Barthes schreibt: »Wenn es zum Fading des anderen kommt, ängstigt mich das, weil es grundlos und ohne absehbares Ende einzutreten scheint.

Der Andere entfernt sich, verflüchtigt sich ins Unendliche wie ein trauriges Trugbild, und ich erschöpfe mich beim Versuch, ihn einzuholen.«

Meine Mutter weiß nicht mehr, wie oder durch wen oder wann, doch sie weiß, dass sie zwei oder drei Monate vor meiner Geburt erfahren hat, dass mein Vater noch ein Kind bekommen würde. Ein Kind mit seiner Frau. Sie sagt nicht: mit seiner Exfrau. Meine Mutter erzählt es mir, und als ich sie frage, ob sie sich nicht doch erinnern kann, wie sie es erfahren hat, sagt sie: »Ich weiß es wirklich nicht mehr. Vielleicht sogar von ihm selbst?« *Meine Halbschwester wird sieben Monate nach mir geboren. Ein Wiedergutmachungskind, erzählt mir mein Onkel. Meine Halbschwester, sage ich. Doch anders als meine Mutter später in ihrem Leben reagieren würde (starr, angepasst) und anders als ich in meiner Beziehung reagiere (ohnmächtig, hoffnungsvoll), stemmt meine Mutter die Arme in die Hüften und sagt: Das war's! Es ist aus! Es sind auch die Flüsterlaute meiner Großmutter und die tiefen Augenbrauen im Gesicht meines Großvaters, die ihr sagen: Er ist nichts für dich. Ein verheirateter Mann! Sieh nur, was du ihm wert bist.* »Als ich das erfahren habe, war für mich die Beziehung beendet«, *erzählt meine Mutter heute. Sie fasste diesen Entschluss und fühlte sich für einen kurzen, sehr kurzen Moment: frei. Auch wenn das Zuhause bei den Eltern wie eine Bestrafung ist. Auch wenn die Eltern über sie bestimmen. Auch wenn sie sie für das Kind abwerten, das sie bekommen würde, und sie immer wieder unter Druck setzen. Mein Vater ist verzweifelt und er ist müde. Er möchte allen gerecht werden. Ich möchte für euch alle da sein, sagt er meiner Mutter. Doch sie wendet sich ab und geht. Es gibt keinen Mann mehr, der auf sie wartet, es gibt keinen Wunsch mehr, der sich erfüllen könnte. Doch er gibt nicht auf. Wie in mäandernden Schritten entfernt er sich und kommt wieder auf sie zu. Er fährt mit seinem Wagen vor das Haus meiner Großeltern. Er schaut auf das Haus, auf den Garten, doch er steigt nicht aus. Er klingelt. Er bittet um ein Gespräch mit meiner Mutter. Und er bittet um ein Gespräch mit meinem Groß-*

vater. Er kommt die Treppe hinaufgestiegen in Anzug und
Krawatte. Meine Mutter willigt ein.

Wo die Schuld wohnt

In Berlin wurde es nicht heller. Es waren wenige Monate, in
denen mein ganzes Lebenskonzept sich veränderte. Ich war
schwanger und mein Körper zog sich von mir zurück. Er er-
brach sich. Er zog an mir. Er hatte Hunger. Er kümmerte sich
darum, neues Leben in mir zu schaffen. Die Übelkeit war
furchtbar. Ich verließ das Haus nicht mehr. Freundinnen luden mich weiterhin ins Restaurant ein. Ich sagte ab. Sie luden
mich zum Abendessen ein. Ich sagte auch das ab. Alles, was
ich brauchte, war eine Möglichkeit, mich von der Übelkeit zu
befreien. Er besorgte mir alle Medikamente und sah mich mit
großen Augen an. Dann verschwand er. Dann stand er wieder vor mir und rollte mit den Augen, wenn ich mir mit der
Faust auf die Brust klopfte, um den Brechreiz zu unterbin-
den. In jenem Moment, als ich dachte, die Übelkeit würde
sich über mich zusammenziehen und mich einsaugen und nie
wieder klar denken lassen, saß ich in einem Hinterzimmer
einer Berliner Hebammenpraxis und ließ mir eine Nadel auf
die Innenseite meines Handgelenks stechen. Die Hebamme
redete mit monotoner Stimme. Gerade diese Frauen, die alles
könnten, sagte sie. Gerade diese Karrierefrauen aus Berlin
machten sich so verrückt mit der Schwangerschaft. Sie erzählte es so, als sei ich nicht anwesend. Stach in den Arm und
redete. Denn ich war es doch, von der sie erzählte. Ich saß

nicht bei meinen Freudinnen, um mich in den Arm nehmen zu lassen. Nicht bei meinem Freund. Nicht bei meinem Bruder. Nicht im Kreise meiner Familie. Nicht bei meiner Mutter. Nicht bei denen, die ich jetzt so gebraucht hätte. Nach deren Umarmung ich mich gesehnt hatte. Was tat ich hier? Ich weinte, als ich merkte, wie mein ganzer Körper sich entspannte. Dann war es still. Und ich wachte auf.

Es war ein Abendessen, an dem ich das erste Mal daran dachte, dass ich dem Verhalten meiner Mutter nahegekommen war. Viel zu nah. Ihrer Angst. Ihrer Ohnmacht. Nichts sagen, nicht reagieren. Wenn Menschen ein Trauma erleben, fällt ihr Körper in eine körperliche Starre. Eine traumatische Erfahrung ist eine Erfahrung, die körperlich und seelisch überfordert. Sosehr der Begriff auch mit tief greifenden, schwerwiegenden Erfahrungen verknüpft ist, die jenseits einer andauernden Missachtung stehen, so sehr fördert eine andauernde belastende Erfahrung ähnliche Symptome wie die eines Traumas. Viele Frauen, so auch meine Großmutter, so auch meine Mutter, haben die Erfahrung gemacht, dass auf ihre Wünsche, auf ihre Fragen, auf ihre Gefühle mit Aggression reagiert wurde. Mit lauter Stimme, mit körperlicher Gewalt. Mit Ausgrenzung, Demütigung und Herabsetzung. Das Gefühl einer andauernden Bedrohung versetzt den Körper in Angst und Panik. Das Gefühl der Ohnmacht. Dieses Gefühl der Ohnmacht kann so feine Nuancen in sich tragen, dass es einem zunächst nicht auffällt. Niemals, so dachte ich, würde mir das passieren. Doch jetzt stand ich dort, vor diesem Tisch, und schaute auf das Berlin, das ich täglich sah, und schaute auf den Tisch, an dem der Mann, den ich liebte (tat ich es?), saß. Ich fragte:

Möchtest du etwas essen? Er schüttelte den Kopf und antwortete nicht. Dann redeten wir etwas, er war gereizt und beschwerte sich, und als ich gerade antworten wollte, schrie er mich an. Ich stand da und sagte nichts. Und weil ich das tat, was ich tat – nichts, nur starren –, wurde mir schlecht. Da war ich. Da stand ich, wie es meine Mutter jahrelang getan hatte.

Wenn Schuld und Scham empfunden werden, dann breitet sich Schweigen in der Familie aus, schreibt Dorothee Döring. Wenn dieses Schweigen gebrochen wird, wird ein Tabu gebrochen. Die Distanz, die ich zu meinem Stiefvater hatte, bis ich meine wahre Herkunft kannte, bedingte sich wechselseitig. Meine Mutter erzählte mir Jahre später von Geschenken meines Stiefvaters, die er mir als kleines Kind machte, um mein Vertrauen zu gewinnen. Ich warf sie alle weg. Während der Zeit des Aufwachsens ahnte ich, dass etwas nicht stimmte. Doch ich konnte es nicht wirklich in Worte fassen. Nach und nach entwickelte ich Theorien, die das Verhalten meiner Eltern erklärten. Meine Erklärungsversuche zielten auf das Mann-Frau-Verhältnis meines Stiefvaters ab. Mein Erklärungsmuster war simpel: Ich sehe, mein Vater liebt und achtet meine Mutter nicht, er liebt und achtet mich nicht, zieht meinen Bruder vor und liebt ihn – Erklärung: Er mag eigentlich keine Frauen. Es gibt viele Beispiele von Adoptivkindern, die ihr Leben lang den Verdacht hatten, sie seien nicht die leiblichen Kinder eines oder beider Elternteile, schon allein deshalb, weil sich die Eltern ihnen gegenüber zutiefst unsicher zeigten. Und die erst nach der Aufklärung ihre eigenen, vermeintlich irrealen Verhaltensweisen beim Heranwachsen völlig nachvollziehen können, eben weil sie spürten, ihre Eltern handelten nicht angemessen. Nicht angemessen meint auch: nicht nahe genug, nicht liebevoll genug, nicht eindeutig genug für das Kind einstehen. Das Ende des Geheimnisses, in dessen Mittelpunkt ich, ohne es zu wissen, immer stand, bedeutete eine Befreiung. Die systemische Beraterin und Psychotherapeutin Rosmarie Welter-Enderlin hielt fest, das Besondere einer Lebensgeschichte werde unter anderem an der Frage deutlich, was für Wahlmöglichkeiten Menschen an bestimmten Wendepunkten ihres Lebenslaufs hatten, ob sie diese wahrnehmen konnten und für welche sie sich entschieden haben.[55] In Bezug auf meine Mutter habe ich bei allen offensichtlichen Parallelen grundlegend andere Entscheidungen getroffen, mit meiner Erfahrung, Hauptdarstellerin eines Familiengeheimnisses zu sein, ohne eine Ahnung davon zu haben. Diese Fortsetzung wollte ich meinem Sohn ersparen, ich frage mich aber heute umso mehr, welche Optionen meine Mutter mit mir hatte und warum sie sich schließlich dafür entschied, den Weg des geringsten Widerstandes zu gehen. Gespenster, wie Ibsen sagt. Liebe, wie ich dachte.

Wenn ich jetzt sehe, dass meine Mutter damals ähnlich gehandelt hat und sich einen ähnlichen Mann gesucht hat, aus welchem eigenen Verhalten ist dies entstanden? Wenn ich früher in einem Artikel über Mutter-Tochter-Beziehungen las, dass Töchter von ihren Müttern lernen, was es heißt, eine Frau zu sein, dann klang es einleuchtend – ich hatte jedoch nie darüber nachgedacht, was das für mich eigentlich bedeutet. Die Therapie ist der Versuch, mir mein Leben zu erklären. Der Psychoanalytiker und systemische Familientherapeut

Helm Stierlin hat die Spannung zwischen der Individualität des Einzelnen und der Bezogenheit auf seine Herkunftsfamilie als »bezogene Individuation« beschrieben. Wer sich auf jemanden bezieht, obwohl er ihn ablehnt, ist immer noch abhängig von ihm. Die bezogene Individuation ist gelungen, wenn man selbstständig und unabhängig Entscheidungen treffen kann. Bernd Schumacher, systemischer Therapeut, dem ich am Telefon von meiner Geschichte erzähle, formuliert es so: »Obwohl meine Eltern wollen, dass ich Jura studiere, studiere ich Jura.« Eine bedingungslose Liebe. Die Tonspur der Melancholie.

Ich gehe zu einer Therapeutin und erzähle ihr meine Geschichte, um mein Leben zu verstehen. Meine Mutter hatte die Chance nicht. Sie hat so viel gewagt, um zu Hause rauszukommen. Wie groß muss ihre Scham gewesen sein, dass ihr Traummann nicht mitging? In der psychotherapeutischen Praxis gibt es vier Korbstühle, die sich gegenüberstehen. Es steht Tee auf dem kleinen Tisch, der mich von der Therapeutin trennt: »Welche Rolle haben Sie in der Familie und gegenüber Ihrer Mutter eingenommen?«, fragt sie. Mit fünfzehn war ich die Zuhörerin meiner Mutter. Und ich redete ihr zu: Lass dich scheiden. Lass dich nicht so von Papa herumkommandieren. Ich wurde zur starken Tochter. Ich dachte damals: Ich bin die Mutter meiner Mutter. Wenn ich heute auf sie schaue, als schwarzen Kreis auf dem weißen Flipchart, und die Therapeutin meinen fragenden Blick verfolgt, dann sehe ich das erste Mal auch, wer ich nicht war. Meine Therapeutin formuliert es so: »Welches Bedürfnis habe ich gegenüber meiner Mutter unterdrückt?« Ich weiß es nicht. Ich blicke an ihr vorbei auf die Bücherwand neben der Tür. Ich weiß es in dem Moment wirklich nicht. Ich denke: Was ist ein Bedürfnis? Ein Bedürfnis setzt einen Mangel voraus. Ich erinnere mich an das Bedürfnis, bedürftig zu sein. Das Bedürfnis nach Zuspruch. Nach Unterstützung. Nach ungeteilter Aufmerksamkeit. Nach bedingungsloser Liebe. Liebe war da, bedingungslose Liebe jedoch ein Luxus. Stattdessen musste ich: immer stark sein, alles hinkriegen. Es war vorauseilender Gehorsam gegenüber meiner Mutter: Sieh nur, du hast mich gut hingekriegt, richtig erzogen, ich mach's richtig. Ich krieg's schon hin. Ich mache nicht die gleichen Fehler wie du. Was ich von meiner Mutter auch gelernt habe: alles auszuhalten. Konflikte. Wut. Enttäuschung.

Sigmund Freud sieht den Ursprung von moralischer Schuld und Schuldgefühlen in der Angst des Kleinkindes vor der väterlichen Autorität, die es zum Verzicht der Triebbefriedigung zwingt und letztlich zum Über-Ich verinnerlicht. Damit sei der Boden für Schuldgefühle und Selbstbestrafung bereitet. Das Aus-der-Rolle-Fallen, das Sich-nicht-unterordnen-Wollen, das aber immanent für die charakterliche Reifung und damit zusammenhängende, notwendige Ablösungsprozesse beim Heranwachsen ist, führt zu Schuldgefühlen, wie Schuldgefühle immer dann entstehen, wenn die eigene Handlung des Individuums von ihm selbst als nicht sozial erwünscht bewertet wird. Moralische Schuld heißt: ein Verstoß gegen das Gewissen und die sittlichen Normen nach freier Entscheidung. Im juristischen Sinne hat es das Bundesverfassungsgericht definiert als »persönliche Vorwerfbarkeit der Verletzung eines Strafgesetzes«. Beides, die moralische und die juristische Schuld, klingen für uns auf den ersten Blick in ihrer Grundsätzlichkeit verständlich. Schuld und der Umgang mit ihr ist etwas Alltägliches, es beeinflusst unsere Kommunikation wie unser gesamtes soziales Miteinander. Trotzdem konnte die Emotionsforschung bislang kein eindeutiges physiologisches Muster des Schuldgefühls finden, es ist bis heute noch nicht einmal klar, ob das Vermögen, Schuld zu empfinden, eine grundlegend selbstreflexive Emotion ist und damit zu den Basisemotionen gehört – diese Emotionen fordern ein Ich-Bewusstsein und stabile Repräsentationen des Selbst. Die Ausprägungen von Schuldgefühlen stehen auch immer in Abhängigkeit zum eigenen Selbstbild. »Schwere und andauernde Schuldgefühle entstehen selten aus einmaligen Fehlhandlungen oder Unterlassungen«,[56] schreibt Wolfgang Hantel-Quitmann. Wie bei allen Leiden der Seele seien frühe Erfahrungen bedeutsam, sodass negative Kreisläufe entstehen würden. Frühe Schuldgefühle führen zu einem negativen Selbstbild, das sich leicht verstärken würde durch weitere bestätigende Erfahrungen.

Nähe

Mit dem Moment, als ich erfuhr, dass mein Vater nicht mein leiblicher Vater war, begann eine lange Zeit der Nichtkommunikation mit meiner Mutter. Sie stellte das Reden ein, und das war in diesem Moment das wirklich Unerträgliche in der Lage, in der ich mich befand. Ich hatte nichts sehnlicher gebraucht als eine Erklärung von ihr. Meine Mutter aber schwieg. So, als hätte sie gar nicht das Bedürfnis, irgendetwas an der Situation zu klären. Noch heute erkläre ich mir ihr Verhalten mit den Schuldgefühlen, die sie gehabt haben muss. Aber ist das wirklich so einfach? Wer sich rückblickend schicksalhafte Entwicklungen erklären möchte, der sucht mögliche Indizien und Beweise oft in möglichen Kausalitäten. Das Problem: Es stehen einem gar nicht genug Informationen zur Verfügung, um eine komplexe Frage zu beantworten wie »Warum wählte Person X in Situation Y. Verhaltensweise Z?« Zumal, wenn der Zeitraum zwischen Erfahrung und Aufarbeitung groß ist. Ganz oft lautet dann die aus dieser Distanz besonders einleuchtende Erklärung, dass das Verhalten damals durch Gefühle geleitet war. Allerdings hatte selbst Freud im Laufe seiner Forschung Abstand von seiner frühen These genommen, dass Gefühle Verhalten

verursachen. Es wäre auch zu schön, wenn die Verhaltensweisen anderer immer davon abhängen würden, wie sich der
Betreffende gerade gefühlt hat, denn das würde vieles erklär-
bar machen und vielleicht wichtiger noch für das eigene See-
lenheil: entschuldbarer. Wenn wir diesen Wunsch aber in die
Realität übersetzen wollen, übersehen wir, dass wir vielleicht
den Grund für eine Verhaltensweise erkennen können, die
übergeordnete Ursache für das Verhalten aber nicht. Und erst
mit dem Wissen um die tatsächliche Ursache bekommt das
»Opfer« die Möglichkeit, die gegen es gerichteten Hand-
lungsvorgänge einordnen zu können, angemessener zu reagieren und damit letztlich umgehen zu lernen. John Bolwby
führt in diesem Zusammenhang den britischen Philosophen
Gilbert Ryle an, der in den 1950er-Jahren darlegte, dass eine
Aussage wie »Eifersucht führte Tom dazu, dies und das zu
tun« nicht die Ursache beschreibe, warum ebenjener Tom
nun dies und das getan habe, sondern allein den Grund dafür. Ryle illustriert seine Aussage mit einem Stein, der eine
Glasscheibe zerschmettert. Es gebe nach Ryle bestenfalls
zwei verschiedene Arten und Weisen, wie dieses Ereignis als
erklärt betrachtet werden könne, so Bowlby weiter: Auf die
Frage »Warum zerbrach das Glas?« könne man entweder
antworten »Weil der Stein mitten hineintraf« oder »Weil das
Glas zerbrechlich war«. Nur die erste Antwort bezieht sich
jedoch auf die Ursache. In diesem Fall erfolgte die Erklärung
im Sinne eines Ereignisses, nämlich Stein treffe Glas, das zum
Bruch des Glases im Verhältnis von Ursache zu Wirkung
stehe. Im Falle der zweiten Antwort werde im Gegensatz
dazu nicht auf ein Ereignis hingewiesen und deshalb auch
keine Ursache angegeben. Stattdessen stelle die Antwort nur

einen allgemein hypothetischen Behauptungssatz über Glas auf, nämlich den, dass das Glas, wenn es scharf getroffen würde, zersplittern würde und nicht etwa sich strecken oder verdunsten oder heil bleiben würde. Als Konditionalaussage sage dies überhaupt nichts darüber, warum das Glas zu einem bestimmten Zeitpunkt zersplitterte, stattdessen sagt es uns, dass es dies unter gewissen spezifizierten Bedingungen wahrscheinlich tun würde. Es liefere uns nicht die Ursache, sondern gebe uns lediglich eine Art Grund. Die Aussage »Tom biss seine kleine Schwester, weil er eifersüchtig war« gibt uns also keinerlei Ursache an, genau wie meine Vermutung, meine Mutter habe aus Schuldgefühlen dies oder das getan. Der Psychiater Raphael M. Bonelli erklärt, das Zugeben von Schuld, das Eingestehen, etwas Falsches getan zu haben, ist für Menschen oft ebenso schmerzhaft wie eine physische Verwundung. Und da hier kein Pflaster die Heilung ermöglicht, wird zur Schmerzregulierung oft verdrängt.

Deutlich wird, dass vieles undeutlich ist, sagt die Analytikerin und sieht mich streng an. Sie sitzt in einem kargen Raum eines Hamburger Altbaus und wartet darauf, dass ich weiterrede. Ich kann nicht mehr reden, nicke nur. Denn ich weiß nicht weiter und ich werde müde, diese Geschichte erneut zu erzählen. Jetzt also eine Analytikerin. Doch ich wollte mich dieser Geschichte erneut stellen. Die Geschichte einer Wiederholung. Von einem Gefühl, das nie da sein sollte, aber da war: Angst, Ohnmacht. Von einer Situation, die ich nicht erleben wollte: die Betrogene zu sein, allein zu sein. Ihre Brille ist schwarz, sie sieht älter aus, als man es auf dem Foto erkennen konnte. Da sie mit dem Rücken vor dem Fenster sitzt, bleibt das Licht von ihrem Gesicht fern, nur ihre weiße Bluse leuchtet. Ich frage mich kurz, ob sie lesbisch ist. Es ist nur so ein Gefühl. Und ohne zu wissen, warum, beginne ich, mich meiner Weiblichkeit zu schämen. Ich schäme mich für meine langen Haare. Ich schäme mich für meine große Tasche, die zu meinen Füßen liegt. Ich schäme mich für meine gezupften Augenbrauen. Für meinen Mantel. Und für jedes unsichere Lächeln bei meinen Antworten. Sie lächelt nicht. Sie bleibt ernst. Frauen, die lächeln, sind doof und naiv. Ich denke an das chassidische Kind auf dem Flug nach New York vor vielen Jahren. Es war nicht einmal fünf und saß acht Stunden lang ernst und ruhig auf seinem Platz. Es lächelte nicht. Nun räuspert sich die Analytikerin vor mir. Es klingt wie eine Katharsis, wie wir sie von der griechischen Tragödie her kennen, sagt sie. Als ob ich mich selbst gereinigt hätte. Als ob ich das Leid, das ich durchlebt hätte, mit anschauen könnte. Konnte ich es? Es klingt, als seien Sie immer noch auf einem stürmischen Meer, sagt die Analytikerin, »und ich frage mich: Welche Haltung nehmen Sie dazu ein?« Nachdem meine Mutter aus meinem Leben verschwunden war, nachdem sie sich zurückgezogen hatte aus ihrem alten Leben, das sie so lange schon abschütteln wollte, wurde ich neunzehn, wurde ich zwanzig Jahre alt. Monatelang ging alles gut. Ich ging zur Schule, lernte für das Abitur. Ich hatte damals einen kleinen Fiat Uno, ein kantiger Kleinwagen mit einem Schiebedach, meine Eltern hatten ihn mir geschenkt. Ich hatte mich darüber gefreut, blieb aber skeptisch, warum ich ein Auto bekommen sollte. Mein Stiefvater musste es bezahlt haben. Er verdiente das Geld, er gab es aus. Irgendwann verschwand der Wagen, er wurde einem Arbeitskollegen geschenkt. Es gab kein Gespräch, keine Abmachung, keine Erklärung. Keinen Streit. Ich nahm es hin. Mit diesem Fiat, meinem Auto, fuhr ich Nachmittag um Nachmittag an den Strand, legte mich in die Dünen und lernte für meine Prüfungsfächer. Es war Mai, die Sonne schien und meine Mutter hatte uns gerade verlassen. Ich war frei, bald noch freier, wenn das Abitur vorbei war. Vogelfrei. Es ging gut, als ich zu meinem Freund zog, um auf meinen Studienplatz zu warten. Es ging gut, als ich mich von meinem Freund trennte und mein Studium begann. Es ging gut, als ich mit meiner besten Freundin in eine gemeinsame Wohnung zog. Es ging sogar so gut, dass ich alleine nach New York flog, mit Ricky Lee Jones in den Ohren, und auf dem Broadway stand und meinen Stiefvater anrief: Ich bin in New York. Es ging sogar noch gut, als ich Panikattacken bekam. Jetzt stirbst du, hatte ich gedacht. Ich stand an der Supermarktkasse und die Welt kippte zur Seite. Ich saß im Auto und die Welt löste sich auf. Herzrasen, Panik, Todesangst. Ich erzählte niemandem davon. Bis mein Onkel mich ansah und fragte: Alles in Ordnung mit dir? Ich musste mich selbst therapieren, las über Heilung und machte das Durch-die-Angst-Durchgehen zu meinem Mantra. Es klappte. Nach einem Jahr verschwanden die Ängste wieder und ich schwor mir, sie nie wieder zuzulassen. Doch etwas änderte sich. Ich war nun Studentin, weg von zu Hause, ohne Kontakt zu meiner Mutter, ohne Kontakt von meinem Stiefvater. Ich hatte mir ein Auto geliehen, um aus der Stadt rauszufahren. Doch die Stadt hörte nicht auf. Sie blieb bei mir. Sie blieb in meinem Blick aus der Windschutzscheibe, sie blieb beim Blick aus dem Seitenfenster. Die Häuser blieben, die Brücken blieben, das Licht blieb, die Fabriken, die Autobahn, die Tankstellen. Die Weite, das Land, der Weg zum Meer, den ich als Teenager so oft gefahren war, um von allem weit weg sein zu können – das war nicht mehr da. Ich kehrte um. Etwas änderte sich auch, als ich anfing, unregelmäßig zu essen. Ich lag auf meiner Matratze in meinem Studentenzimmer und starrte auf die Vorhänge. Ich konnte nicht schlafen. Meine Mutter meldete sich nicht. Mein Stiefvater hatte eine neue Frau kennengelernt, er war verliebt, baute das Haus um. Mein jüngerer Bruder schlief in seinem Teenagerzimmer, während das Haus um ihn herum komplett renoviert wurde. Ich musste mich durch Plastikplanen zu seinem Zimmer durchkämpfen. Er schlief dort in dieser Baustelle, ganz allein. Ich wollte ihm helfen, und ich konnte ihm nicht helfen. Ich wusste nicht, was mit mir los war. Ich fühlte mein Herz, es zog. Doch ich funktionierte. Ging zur Uni, traf mich mit Freunden. Bis zu jenem Abend. Ich war mit Freunden von der Uni verabredet, wir hatten getrunken. Es wurde später, drei Uhr, vier Uhr. Wir gingen in die Wohnung eines Freundes, jemand kiffte. Alles wurde langsamer. Alles fiel in sich zusammen. Ich wollte nicht hier sein. Ich wollte nicht in dieser Wohnung sein. Nicht in dieser Stadt. Nicht mit diesen Menschen. Ich bin frühmorgens in unsere Wohnung zurückgekommen, ich legte mich auf meine Matratze auf dem Boden und alles zitterte. Ich fing an zu weinen. Und hörte nicht auf. Meine Freundin kam aus ihrem Zimmer, fragte, was los sei. Ich konnte nicht antworten. Soll ich deine Tante anrufen? Ich nickte. Als meine Tante kam, nahm sie mich in den Arm. Sie fragte nicht viel, packte ein paar Sachen zusammen und setzte mich ins Auto. Ich sah aus dem Fenster, Sonne,

viel zu hell. Sie fuhr mich in ihre Wohnung, sie legte mich in
ihr Bett. Ich legte mich auf das Kopfkissen und das Kissen
roch nach: Zuhause. Ich schlief sofort ein. Zwölf Stunden
später wachte ich wieder auf.

DAS KIND EINER KURZEN LIEBE

*Jetzt ist etwas passiert, erinnert sich meine Tante, die als
Dreizehnjährige das Zimmer neben ihrer großen Schwester
bewohnt. Sie erinnert sich an die Aufregung an diesem Morgen. Es ist noch früh, sechs oder sieben Uhr, eine Zeit, in der
in dieser Stadt nicht viel passiert und in der in diesem Haus
alles aufwacht und vielleicht nur meine Großmutter unten
sitzt neben meinem Großvater, in der Küche bei einem Tee.
Doch heute ist alles anders. Als meine Mutter etwas in ihrem
Bauch spürt, weiß sie, dass sie ins Krankenhaus muss. Die
Stadt ist so klein, dass es nur einen Kilometer entfernt liegt,
doch jetzt ist meine Großmutter schon am Telefon, um ein
Taxi zu bestellen. Das weiße Telefon. Sie packen eine Tasche,
setzen sich in das Taxi und dann wird meine Mutter in den
Kreißsaal geschickt. Es war ganz leicht. Es ging recht schnell,
sagt sie. Ich bin am 14. Oktober 1976 geboren. Kein Wunschkind. Aber das Kind einer Liebe, einer kurzen Liebe. Vierzehn Rosen hat mein Vater meiner Mutter zur Geburt geschenkt. Er, der verheiratete Mann mit Familie. Meine Mutter
erzählt: Du hattest ja kaum Haare. Ihrer Schwester erzählt
sie später, wie sie beim Anblick in das Babygesicht wusste,
welchen Namen sie mir geben würde. Und dann erzählt*

meine Tante: Und ab da hast du dazugehört. Wenn ich mei-
nen Vater heute frage, wie die Beziehung zu meiner Mutter
war, sagt er immer nur wenige Sätze: Ich habe deine Mutter
sehr geliebt. Und: Wir waren viel zu jung. Es klingt wie eine
Entschuldigung. Genauso schnell, wie sich meine Eltern ver-
liebt hatten, gingen sie auch wieder auseinander. Ihre Bezie-
hung hielt vierzehn Monate.

In der Nacht konnte ich nicht mehr schlafen. Mein Bauch
zog in kurzen Abständen und mein Rücken tat weh. Alles in
mir war wach. Ich schaute auf die Uhr. 21 Uhr. 22 Uhr. Ein
Uhr. Ich wanderte durch die Zimmer, ich schaute aus dem
Fenster und hielt meinen Bauch. Um drei Uhr flüsterte ich:
Ich glaube, wir müssen ins Krankenhaus. Wir packten unsere Sachen und fuhren durch das menschenleere Berlin in
Richtung Krankenhaus. Sie legten mich an den Wehenmes-
ser. Ich schaute auf die Kurve. Noch nicht stark genug, lächelte die Hebamme. Aber wir sehen uns spätestens heute
Abend wieder. Wir fuhren erneut durch das leere Berlin, die
Sonne ging auf und ich konnte ein wenig schlafen. Am
nächsten Tag lag ich auf dem Bett und wartete. Am frühen
Abend saßen wir wieder im Auto und ich wusste, dass ich
dieses Mal im Krankenhaus bleiben würde. Unser Sohn
kommt um drei Uhr morgens auf die Welt. Ein kleines
schwarzäugiges Wesen wie aus einer anderen Zeit. Er liegt
auf meiner Brust und sein Vater nimmt ihn auf den Arm.
Und als er seinen Bruder anruft, weint er. Am nächsten Tag
fahren wir zurück nach Hause. Es gibt diesen einen Moment, in dem wir am Taxi stehen, ich noch geschwächt von
der Geburt, er mit dem Kind im Arm, und ich suche seinen

Blick, doch er schaut mich nicht an. Die Tage nach der Geburt liege ich in unserem Bett und stille das Baby. Er wickelt das Baby. Ich liege im Bett und sehe ihm dabei zu. Als es mir etwas besser geht, packen wir das Baby ein und gehen nach draußen. Im Hinterhof steht ein großes Brunnenbecken, so groß, dass Kinder im Sommer darin planschen können. Doch nun, mitten im Hochsommer, ist es ausgetrocknet, steinern und leer. Ich setze mich an den Rand und wippe das Kind in seinem Sitz hin und her. Er geht in die Mitte des leeren Brunnens, legt sich auf den Fußboden und schließt die Augen. Ich sehe zu, dann nehme ich mein Telefon aus der Tasche. Ich mache Fotos von dem Baby: den kleinen geschlossenen Augen, dem kleinen herzförmigen Mund, den geschlossenen Händen. In einem Moment fotografiere ich ihn, wie er auf dem Boden liegt und die Augen schließt. Er steht auf, kommt auf mich zu und sagt: Und was machen wir jetzt?

Wenige Tage, nachdem mein Sohn auf die Welt gekommen ist, besucht mich meine Mutter. Ich weiß nicht, ob ich zu erstaunt darüber bin, als dass ich mich wirklich darüber freuen kann. Aber natürlich freue ich mich. Sie war da. Wann hatte ich aufgehört, mit ihr zu rechnen? Meine Tante erzählte mir später, dass sie meiner Mutter aus dem Urlaub geschrieben hatte. Du musst hinfahren, hatte sie geschrieben. Sie lag auf einem Liegestuhl vor einem blauen Haus an der Ostküste der USA und ließ sich die Sonne ins Gesicht scheinen. Vier Tage wollte meine Mutter bleiben. Warum nicht mehr, warum nicht weniger? Ich weiß es nicht. Sie kam und sie weinte. Sie nahm das Baby in den Arm. Sie deckte den Tisch, kaufte ein und wusch die Wäsche. Ich sagte: Lass das doch, das brauchst du nicht. Abends saßen wir zu dritt an dem Tisch in der Küche. Ich war so froh, dass sie da war. Ich wollte sie festhalten. Ich wollte sagen: Geh doch noch einmal mit mir und dem Kind spazieren. Bleib länger. Doch ich konnte nur da sitzen und nichts sagen. *Dein Bruder war das klassische Kind. Normale Ängste, normale Entwicklung. Einer, der sagen konnte: Ich habe Angst, hilfst du mir?*

Am nächsten Tag redet er nicht mit mir. Er wickelt auch das Kind nicht mehr. Er geht einfach aus dem Zimmer. Die Tür fällt ins Schloss. Ich höre, wie meine Mutter sich in der Küche vom Stuhl erhebt und langsam zu mir ins Schlafzimmer kommt.

Er ist gegangen?, fragt sie.
Ja, sage ich.
Wohin?, fragt sie.
Ich weiß es nicht, sage ich.
Und wann kommt er wieder zurück?, fragt sie.
Ich weiß es nicht, sage ich.

Nachdem meine Mutter abgereist war, vergingen zwei Monate. Zwei Monate, in denen die Abstände zwischen einem guten Tag und einem schlechten Tag immer kürzer werden. Zwei Monate, in denen meine Energie nicht wiederkommen wollte. Das Bild meines Sohnes, das das Krankenhaus kurz nach der Geburt gemacht hatte, schenkte ich meinen Großeltern. Sie nahmen es dankend an, doch als meine Mutter sie viel später besuchen kam, sagten sie: Nimm du es. Es ist doch dein Bild. Ich wollte mich bewegen, aber ich konnte nicht. Meine Beine wollte mich nicht mehr tragen. Aber ich musste. Musste jetzt aufstehen. Frische Luft, das Kind braucht frische Luft. Body anziehen. Pullover. Jacke. Kinderwagen. Es war ein schöner Morgen, die Sonne schien. »Du bist so eine gute Mutter«, sagte eine Freundin. »Du tust alles für deinen Sohn.« Ich dachte an ihre Worte. Die Tage gehorchten einer Abfolge von Ritualen: stillen, wickeln, spazieren gehen, schlafen. Im Park war es noch still. Es war noch nicht einmal acht Uhr. Eichhörnchen liefen über die Wiese und rannten die Bäume hoch. Ich lief mit dem Kinderwagen den Weg entlang. Ich dachte: Jetzt hier neben den Kinderwagen legen. Einfach hinlegen. Eine Mutter saß auf der Parkbank, wie eine Obdachlose zusammengerollt, vor ihr der Kinderwagen, den sie mit einer Hand festhielt. Ich musste lachten. Die Beziehung wurde zu einer Ansammlung von Beleidigungen (seinerseits, meinerseits). Es blieb der Blick aus dem Fenster. *Was brauchst du noch, um zu gehen?*

Meine Mutter weiß es. Doch sie geht nicht. Noch nicht. Ein Stadthaus in Friesland, 70er-Jahre, mein Vater und sein Bruder unterhalten sich auf dem Weg in das Wohnzimmer. Meine Mutter sitzt auf einem Sofa, die Frau des Bruders sitzt ihr gegenüber. In einem Kinderwagen liege ich. Es wird Tee in dünnen Tassen gereicht, und dann und wann zieht mein Vater an einer Zigarette. Vielleicht möchte er, wie er es später oft getan hat, die Gitarre nehmen und singen, anstatt zu reden. Denn geredet hat er doch genug. Meine Mutter erzählt von diesen Begegnungen kurz: Ich fühlte mich beäugt. Als Ehebrecherin. Als Eindringling. Als falsche Person. Die Ehefrau des Bruders sieht sie an. Der Bruder sieht sie an. War das

die Wahrheit, die sie auch über sich selbst dachte? Ehebre-
cherin, Eindringling, falsche Person? Das, was sie als ihr
öffentliches Selbst nach außen für jeden sichtbar trug, war es
das? Nein, das war es nicht. Es waren die Rollen, die ein Teil
ihrer Familie ihr zutrug. Was meine Mutter weiß: Sie ist al-
lein. Sie kann sich nicht auf den Mann verlassen, der der Va-
ter ihres Kindes ist. Und doch sitzt sie hier. Sie kann sich nicht
auf die Familie verlassen, die ihr ein Zuhause gibt. Sie hat ein
kleines Kind zu versorgen. Sie sitzt in der Falle. Wie kommt
sie wieder raus?

Ich bin zu einem Sommerfest eingeladen. Die Villa des Lite-
rarischen Colloqiums liegt direkt am Wannsee auf der Havel-
düne, der Garten fällt mehr als zwanzig Meter bis zum Ufer
des Sees ab. Alles ist großzügig und herrschaftlich. Die Räume
sind fast menschenleer, die meisten stehen draußen. Mein
Verleger kommt uns entgegen, er begrüßt mich herzlich, gibt
ihm die Hand, der wie ein kleiner Junge lächelt. Das macht
er immer in Gesellschaft, denke ich. Entweder das, oder er
geht auf Distanz. Wenn ich auf die Terrasse trete, mit meinem
Kind im Arm, dann kann ich unten im Halbkreis die Gäste
um eine Lesung herumstehen sehen. Eine Autorin sitzt wie in
einem steinernen Amphitheater in der Mitte und liest aus
ihrem Buch vor. Ich sehe einzelne Gäste auf der Wiese sitzen,
sie reden, trinken Wein. Hinter mir kommt er, trägt ein Glas,
gibt es mir und nimmt mir das Kind ab. Er schiebt den Kinderwagen. Wenn er mit mir den Gang hinuntergeht, nimmt
er mich in den Arm. Ich bin glücklich, denke ich. Wenn er mit
anderen spricht, schließt er uns mit ein. Das ist meine Freundin, das ist unser Kind. Da ist keine Distanz. Kein Abstand.

Für einen Moment scheint es wie Normalität. Und dann wird alles anders. Als ob wir uns mit jedem Kilometer, den wir später zurück in die Stadt fahren, wieder voneinander entfernen. Als ob mit jedem Meter zu der Wohnung, in der wir gemeinsam leben, der Verkehr draußen lauter wird, das Baby häufiger schreit, ich mit dem Arm nach hinten fasse, um es zu beruhigen. Ich erinnere mich an einen Spaziergang im Wald, es ist nicht lange her, oder war es erst danach? Einer der Spaziergänge, bei denen wir nichts sagten. Bis er den Tragegurt von meinem Oberkörper abnahm und sagte: Lass mich ihn tragen, und mit schnellen Schritten von mir wegging. Und jetzt, mit dem Abstand vom Fest, mit dem Abstand vom Wannsee, kroch dieses lähmende Gefühl vom Falschsein wieder in meinen Körper. Ich achtete auf meinen Mund, mein Gesicht, hielt meinen Kopf geradeaus, fuhr das Auto und fühlte mich die ganze Zeit beobachtet. Als wir zurückkamen, sagte er: Ich treffe noch einen Freund. Es wird nicht spät. Vielleicht elf. Als er ging und die Tür ins Schloss fiel, versuchte ich, mich an das Gefühl zu erinnern, das da tagsüber zwischen uns war: Nähe? Ich schlafe ein. Es wird dunkel draußen, als ich erneut erwache. Ich bin aufgeregt und weiß nicht, warum, ich fühle mich leer. Warum ist er heute nicht einfach dageblieben? Ich drehe mich im Bett hin und her und starre auf den Fernsehturm. Er funkelt im Abendlicht. Irgendwo da geht die Sonne unter. Als ich erneut erwache, ist es nach zwölf. Über mir die Nacht. Ich schaue auf mein Telefon. Keine Nachricht, nichts. Ich tippe: Kommst du? Keine Antwort. Um ein Uhr wache ich erneut auf. Ich kann nicht mehr schlafen. Immer noch keine Antwort. Ich rufe an. Er nimmt nicht ab. Um drei Uhr schreibe ich: Wo bist du? Er schreibt: Lass mich in Ruhe. Ich rufe wieder an. Nach etlichen Freizeichen höre ich ein Abnehmen, jedoch keine Stimme. Musik im Hintergrund. Ich schlafe ein und träume davon, dass der Kinderwagen mit unserem Sohn nachts allein auf einer Straße steht. Ich wache wieder auf. Ich habe Angst, eine diffuse Angst. Ich dachte nicht an die Nächte, in denen ich nach Hause gekommen war. Um drei Uhr morgens. Um fünf Uhr morgens. Vor vielen Jahren, als ich diejenige war, die betrogen hatte. Einmal, als ich morgens um fünf Uhr in die Wohnung schlich, meine Jeans auszog, in das Badezimmer ging und die Tür hinter mir schloss, hörte ich seine Stimme leise nach mir rufen. Ich sagte, ich komme gleich. Dann ging ich zum Bett und erzählte, dass ich mit einer Freundin aus war. Er wusste, dass ich log. Und ich wusste, dass ich log. Da saß er aufrecht im Bett und weinte. Es war vorbei, und ich hatte nicht den Mut gehabt, es ihm zu sagen. Um sieben Uhr morgens sitze ich allein aufrecht im Bett. »Die Grundannahme der Familientherapie ist es, dass seelische Störungen durch gestörte Beziehungen entstehen«, lese ich in einer Broschüre, während ich auf die Therapeutin warte. Seelische Störung. Die Freunde, die mir in dieser Zeit nah waren, redeten nicht von einer seelischen Störung. Sie sagten: Du bist verletzt worden. Du bist richtig. Dein Mann ist verrückt. Was sollen Freunde auch sagen?

Mit meinem Kind auf dem Rücksitz fahre ich auf die Autobahn. Zehn Kilometer, zwanzig Kilometer, fünfzig, hundert und mehr. Nach fünf Stunden stehe ich bei meinem Onkel in der Tür. Es ist dunkel, als ich aus dem Wagen aussteige, und ich höre eine Amsel zwitschern. Die Luft ist klar. Er nimmt mich in den Arm, er nimmt den Kindersitz, in dem mein schlafender Sohn liegt, der gerade seine Augen öffnet. Ich stelle alles infrage. Ich treffe keine Entscheidung, es bleibt dieses intensive Gefühl, doch bleiben zu wollen, mit ihm verbunden zu sein. Ich liebe dich, sagte er am Telefon. Es war nur ein Mal. Ich möchte bei dir sein. Dann schloss ich meine Augen. Eine Lüge nimmt einem die Autonomie, eine freie Entscheidung zu treffen. Als ich zurückfahre, rufe ich ihn an. Fahr vorsichtig, sagt er. Das tue ich doch, sage ich. Bei meiner Ankunft holt er mich vom Auto ab, er umarmt mich, er trägt den Kindersitz mit unserem Sohn. Er hat Abendessen gemacht. Ich war wieder zurück in der Wohnung, als ob es Hoffnung gab. Aber es gab keine Hoffnung. Es gab nicht einmal etwas zu klären.

Meine Mutter hat endlich stark sein können. Sie hat sich von meinem Vater getrennt. Als sie erfahren hat, dass seine Frau schwanger war. Sie hat gesagt, dass jetzt Schluss sei. Sie hat es mehr zu sich selbst gesagt. Sie bekam das Kind allein. Das war ich. Sie erzählt mir: Und dann kam dein Vater und schenkte mir Rosen zur Geburt. Da bin ich eingeknickt. Und es ging einfach alles so weiter.

Und es ging einfach alles so weiter. Er flog nach New York.

Für eine Ausstellung, für ein Stipendium. Er bekam oft Stipendien. Preise. Ich erinnere mich an den Blick der Psychologin im Jugendamt, als wir viel später in unserem Schlichtungsgespräch saßen und während des Abfragens der Fakten – Beruf, Alter, Alltagsbeschreibung – auf ein Stipendium kamen, das er in Kürze antreten würde. Es waren drei Monate, die wir ohne ihn verbringen würden. Drei Monate ohne Anspannung, ohne das leidige Abholen des Kindes am Nachmittag, die Angst, dass etwas schiefgehen könnte, ohne Streit, ohne Misstrauen. Mütter können den Vätern nicht vertrauen, las ich. Mütter müssen lernen, den Vätern zu vertrauen, las ich. Väter sind anders als Mütter. Drei Monate ohne Stress. Als wir uns setzten und nach ein paar Sätzen auf das Stipendium kamen, sagte sie: »Die Villa Massimo. Da müssen Sie als Künstler ja auch viel Zeit aufbringen, um ständig kreativ zu sein.« Ich dachte, ich kotze. Stattdessen atmete ich tief aus. Jede Regung könnte meine Position schwächen. Ich hasste sie. Hasste ihren blonden Haarschnitt, hasste ihren bunten Schal, hasste den Linoleumfußboden in den Gängen der Behörde und das schiefe Grinsen des Mannes, mit dem ich mich über das Umgangsrecht meines Sohnes stritt. Hasste diesen Streit und diesen Zustand. Viele Wochen später saß ich mit der Frau, die meine Nachfolgerin wurde, in einer anderen Behörde des Jugendamtes. Sie brach in Tränen aus, ich reichte ihr das Taschentuch. Ich dachte: Was mache ich hier? Wie konnte mir das passieren? Und sie sagte: Wie konnte uns das passieren?

In dem Jahr, in dem ich geboren wurde, wurde das Scheidungsrecht reformiert und in den deutschen Amtsgerichten eine neue Abteilung, das Familiengericht, eingerichtet. Bis zu diesem Zeitpunkt war die Verteilung der Aufgaben zwischen Ehepartnern nach dem Bürgerlichen Gesetzbuch des Jahres 1900 geregelt. Danach war der Mann für den finanziellen Unterhalt der Familie zuständig, die Frau für die Haushaltsführung und Kindererziehung. Es gibt heute mehr als fünf Millionen Kinder in Deutschland, die getrennt lebende Eltern haben. Neunzig Prozent dieser Kinder leben bei der Mutter, jedes dritte Trennungskind verliert den Kontakt zum Vater. Etwa 150 000 Männer in Deutschland sind alleinerziehend – und rund 1,5 Millionen Frauen. Bis vor wenigen Jahren hatten ledige Väter keine Möglichkeit, gegen den Willen der Mutter ihres Kindes das gemeinsame Sorgerecht zu bekommen. Im Jahr 2013 beschloss der Bundestag eine Gesetzesreform: Sechs Wochen nach der Geburt können die leiblichen Väter einen Antrag auf das Sorgerecht stellen. Auch das Umgangsrecht wurde reformiert. Bis zum Jahr 2013 konnten Väter gegen den Willen der Mutter ein Umgangsrecht nur dann vor Gericht durchsetzen, wenn sie bereits eine enge persönliche Beziehung zu dem Kind aufgebaut hatten. Nach dem neuen Gesetz entscheidet das Gericht, ob der Umgang dem Kindeswohl dient. Ich musste an meine Mutter denken, die für einen Vaterschaftstest nach Hannover reiste, weil mein Vater die Vaterschaft anzweifelte. Ich musste daran denken, wie sie auf dem Flur der Behörde darauf wartete, ihren Termin wahrzunehmen, als dort das Fax meines Vaters ankam, das seine Vaterschaft bestätigte. Ich musste an meinen Termin mit dem Jugendamt denken, den ich mit achtzehn Jahren wahrnehmen musste, da ich nun volljährig war und über meinen Unterhalt entscheiden sollte. Mir öffnete eine Frau, die meine Mutter immer wieder auf der Straße gegrüßt hatte. Ich hatte diese Frau nie jemandem zuordnen können. Nun wusste ich es. Sie öffnete die Rolltür des großen Aktenschrankes, der hinter ihrem Schreibtisch stand. Es war ein breiter Schrank, der bis zum anderen Ende des Zimmers reichte. Es ratterte, als sich die Tür aufschob. Dort standen Aktenordner, eng aneinandergereiht. »Das hier«, sagte sie und zeigte auf eine Reihe und strich mit der Hand darüber, »das hier sind Ihre Akten.« Ich sah darauf: Aktenordner, Unterhaltsklagen, Anwaltsbriefe, Prozesskostenhilfeanträge. Hier hatte ein Leben stattgefunden, von dem ich nichts wusste. Als ich für die Geburt meines Kindes meine eigene Geburtsurkunde anfrage, sitze ich erneut in dem Rathaus meiner Heimatstadt, und der Beamte öffnet den Schrank, zieht ein Buch heraus und blättert, Urkunde um Urkunde. Meine eigene ist die einzige, die nicht ganz weiß ist. Mit einem Kugelschreiber steht die Frage nach dem Vater neben meiner Geburt. Dann ein durchgestrichener Satz und die Tatsache der Anerkennung der Vaterschaft. Siebzehn Jahre später stehe ich frühmorgens an einem Fenster in Berlin und sage: »Schau mal, da oben fliegt Papa, gleich landet er und kommt zu uns.« Nach alldem, was geschehen war. Die Nächte, die Distanz, die Streitereien, Demütigungen, Herablassungen. Und vor allem, was noch kommen würde: Die Trennung, die Termine beim Jugendamt, die abgesprochenen Nachmittage mit dem Kind. Ich sehe meine Reflexion im Fenster, sehe meine zusammengebundenen Haare, das gestreifte Shirt, das Baby auf meinen Hüften, das ich hin- und herwippe. Ich sehe in meine Augen und es ist, als betrachte ich mich von außen.

Es war das letzte Mal, dass mein Vater und meine Mutter miteinander gesprochen haben. Meine Mutter stellt den Kinderwagen auf die Terrasse, die Sonne geht schon fast unter, sie legt die Kissen hinein, dann legt sie mich dazu. Sie möchte mit mir spazieren gehen. Meine Mutter hat das Leben mit meinem Vater satt. Sie hat das Leben mit ihren Eltern satt. Sie sagt sich: Ich will das nicht mehr. Ihre Eltern liegen ihr in den Ohren: Willst du dir das antun? Der sorgt nicht für euch! Der lässt dich im Stich! Mein Vater sagt: Deine Eltern wollen uns auseinanderbringen. Es ist auch mein Kind! Er steht vor der Tür. Er bittet um ein Gespräch. Mein Großvater schickt ihn immer wieder weg. Ich bin froh, dass das Recht damals noch anders war, sagt meine Mutter. Ich wollte das nicht mehr. Mein Vater zuckt heute mit den Schultern. Der Kontakt zwischen meinen Eltern bricht immer weiter ab. Als sie mit dem Kinderwagen am frühen Abend die Straße entlanggeht, sieht sie, wie mein Vater mit seinem Wagen um die Kurve fährt. Sie bleibt stehen, doch dann beschließt sie weiterzugehen. Sie drückt mit aller Kraft den Kinderwagen nach vorn und geht, einen Schritt, zwei Schritte, und hebt ihren Kopf. Mein Vater hält neben ihr an, doch sie läuft entschlossen weiter. Mein Vater ruft: Halte doch an! Lass uns reden! Doch meine Mutter sagt: Nein. Und schiebt den Wagen voran, mit dem gemeinsamen Kind, das nach oben schaut und einen Himmel erkennt, vielleicht einen Baum.

Einmal sitze ich mit einem Kollegen zusammen, wir hatten uns für ein Mittagessen verabredet. Das Restaurant ist voll, alle Tische sind besetzt und ich bin etwas zu beschwingt für zwölf Uhr mittags, wir bestellen Weißwein und reden über meine Mutter, meine Beziehung, über die Wiederholung meines Musters. Was mich aber doch interessiert, fragt er zum Schluss unseres Gesprächs. Können Sie noch lieben? In diesem Moment dachte ich: nein. Und sagte: ja. Ich erinnere mich an die letzten Monate der Beziehung: Wir könnten es versuchen, sage ich. Wir könnten zu einer Paartherapie gehen. Er schaut an die Decke. Sagt etwas. Sagt dann: Das habe ich schon einmal versucht, das bringt nichts. Ich seufze. Drehe mich um und nehme das Kind in den Tragegurt. Irgendetwas werde ich doch zu tun haben. Irgendetwas werde ich doch kaufen müssen. Und verlasse die Wohnung. Die Haustür fällt ins Schloss. Als ich zurückkomme, legt er einen Zettel auf den Tisch. Es ist der Name einer Therapeutin. Da. Ich habe angerufen. Wir können Donnerstag hingehen. Wir sitzen wie zwei Idioten nebeneinander. Wir lachen zu Beginn. Dann hört das Lachen auf. Jetzt lügt er, denke ich nach wenigen Minuten. Ich weine. Er sitzt neben mir. Ich denke, er denkt jetzt an nichts. Oder daran, wie er aus dieser Situation wieder herauskommt. Daran, was er als Nächstes tun wird. Daran, dass er den Therapeuten hasst. Nach dem ersten Treffen sitzen wir wieder zusammen an dem weißen Tisch in seiner Wohnung. Er küsst mich auf die Stirn. Er macht Abendbrot und gibt dem Baby die Milch. Doch dann sagt er: Geht ihr bitte. Nach dem zweiten, dritten, vierten Treffen weine ich nicht mehr. Bei unserem letzten Treffen taucht er nicht auf. Wir sitzen dort, die Therapeutin, der Therapeut und ich. Vielleicht hat er es vergessen, sage ich. Vergessen?, fragt der Therapeut. Ich zucke mit den Schultern. Rufen Sie doch an, schlägt die Therapeutin vor. Ich tippe seine Nummer. Er sagt nicht viel. Er wird nicht mehr kommen. Ich lege auf.

Er kommt nicht?
Nein.
Warum nicht?
Ich weiß es nicht.
Da bleiben Sie so ruhig? Warum sind Sie nicht wütend?, fragt der Therapeut.
Ich drehe mich zu ihm: Ich weiß es nicht. Ich kann es nicht. Ich kann nicht wütend sein.

Alles ist Wahrheit. Ich kann sie nur nicht sehen. Vor mir liegt ein altes klobiges iPhone 4. Es ist schwarz. Die Oberfläche ist zerbrochen. Ich hatte es in einem Streit gegen die Wand geworfen. Die Beziehung kommt mir im Rückblick vor wie ein einziger kurzer Augenblick. Das Telefon ist seit vier Jahren nicht aufgeladen worden. Erst gestern habe ich ein altes Ladekabel im Internet bestellt. Es ist heute schon mit der Post gekommen. Ich habe Angst davor, die alten Bilder zu sehen. Angst davor, alte Nachrichten zu lesen. Zum Glück, denke ich, habe ich einen Teil der Nachrichten gelöscht. Dann stecke ich das Ladegerät in das Telefon. Es dauert nicht lange, bis das Display leuchtet. Mit einem vertrauten kurzen Signalton meldet sich das Telefon zurück. Die Nachrichten. Ein Hin und Her. Ich: Ich finde es so traurig. Er: Ja, ich halte das auch nicht mehr aus. Ich: Wie wollen wir es besser machen? Er: Die Gretchenfrage. Ich schiebe sie auf dich, du auf mich. Ich: mehrere Gedanken: Wir haben uns nicht aus der Beziehung verabschiedet. Ein Agreement, eine Umarmung, ein »Es geht nicht mehr«, um dann als Eltern weiterzumachen. Er: Verstehe ich nicht. Ich: Ich mache Angebote, du nur Ärger. Er: Mache ich nicht, ich sehe darin nur keinen Vorschlag. Red doch mal Klartext. Und so weiter. Wenig später er: Ich vermisse euch. Ich: Wir lieben dich. Er: Same same. Zu diesem Zeitpunkt war ich aus der Wohnung ausgezogen. Es gab schon eine andere Frau, von der ich nichts wusste. Und sie nichts von mir. Es gab andere Pläne. Andere Ideen. Die Nachrichten gehen von Belanglosigkeiten zu Statusmeldungen über das Kind (ich) bis hin zu kurzen Antworten wie Ja, okay, Mhmm, weiß noch nicht, Da (er) hin und her. Zwischendrin längere Beschimpfungen. Totschlagargumente. Die gegenseitigen Beschimpfungen sind auch das, woran ich mich aus der Wohnung erinnere. Woran ich mich von einem letzten gemeinsamen Tag, gemeinsamen Aufwachen erinnere. Eine Freundin holt mich ab. Sie packt ein paar Sachen zusammen, während ich das Baby auf meinem Arm halte. »Der Typ ist für mich gestorben«, raunt sie mir zu und stopft meine Kleider und zwei Pullis in ihre Tasche. Ich weiß nicht mehr, ob ich selbst mit dem Auto gefahren bin, aber wenig später öffnet Peter mir die Tür. Ich stehe neben meiner Freundin, sie zieht mich rein. Peter zieht die Augenbrauen sorgenvoll hoch und sagt: Kleene, und nimmt mich in den Arm. Ich sitze wieder an dem Tisch, an dem ich in Hamburg saß. Weiches, helles Holz. Ich streiche mit meiner Hand darüber und lasse meinen Sohn auf dem Schoß sitzen. Er patscht mit den Händen nach Gegenständen, einem Becher, einem Buch. Ich kann nichts sagen. Peter nimmt meine Tasche und stellt sie in das Wohnzimmer. Er sagt: Du nimmst das Schlafzimmer, ich bleibe auf dem Sofa. Danke, sagt die Freundin und nickt Peter zu. Dann fragt dieser: Essen? Ich nicke. Und ich möchte doch etwas sagen: dass ich doch die schönen Seiten an ihm immer noch liebe. Und erinnere mich an das Tanzen, an Silvester. An das Verliebtsein. Ich wusste ja nichts. Niemand sagt etwas. Peter dreht sich um, er steht in der Küche und lässt Spaghetti in den Topf fallen. Er lächelt mir zu. Dann zerkleinert er Tomaten und zerschneidet eine Aubergine. Ich setze das Baby auf den Boden. Es krabbelt unter meinem Stuhl hindurch auf das Wohnzimmer zu. Ich setze mich zu ihm auf den Fußboden. Plötzlich sind es nur wir zwei und wir zwei auf dem Fußboden sind weit weg von den beiden anderen Personen am Tisch und von allen anderen Personen, die mir jetzt in den Sinn kommen würden. Als ich später im Bett liege und das Baby neben mir schläft und leise atmet, denke ich: Ich möchte nach Hause. Und ich weiß, dass es nicht die Wohnung ist, aus der ich gekommen bin.

Manche Tage lassen sich mit verschlossenen Augen leben, in denen wir schwindelig in eine Farblosigkeit fallen, an deren Stelle irgendwann ein Traum tritt. Es ist eine eigenartige Welt, die sich uns eröffnet. Fallen wir in einen Schlaf, sehen wir Tote wieder lebendig werden und aus den Bergen Caspar David Friedrichs erscheinen glänzende Uhren wie bei Dalí, die eigene Familie fährt vor dem Bergpanorama Fahrrad, in bunten Regenmänteln. So wie in einem Traum, an den ich mich erinnerte und ihn vergaß, bis ich das Bild der Ruine Eldena im Riesengebirge sah, in Öl auf Leinwand in einer Gemäldegalerie. Wie konnte ich jemals dort gewesen sein, wenn ich es jetzt dort zum ersten Mal sah? Es gibt Dinge, die verschwinden, ohne dass sie jemals sichtbar waren. Öffnen wir die Augen, sehen wir das, was uns in den Grenzen unserer Wahrnehmung möglich ist: Die verschiedenen Schattierungen von Grau, Blau, Grün, Gelb – Farben meiner Natur, Farben, die im Norden sichtbar werden, wenn die Sonne aus dem Nebel tritt. Wenn es regnet, regnet es im ganzen Land. Oft kommt der Nebel so schnell über das Meer, dass er die Dünen einschließt und damit die Sicht zu allen Seiten versperrt. Er schiebt sich auf den Strand wie eine weiße Wand und verschluckt die Menschen, Kinder und Hunde, die noch vor wenigen Minuten vor einem liefen. Als Mädchen konnte ich mich in diese Landschaft zurückziehen und gefangen nehmen lassen. Von der Natur und ihren Geschichten, die so gut zu ihr passten. Ich bin nach Dänemark gefahren. Weit weg von allem. In eine Hütte an der Nordsee. Meine Tante hatte mich empfangen, mit den Füßen in Gummistiefeln. In der Nacht hatte sich Raureif über die Dünen und Wiesen gelegt: feiner, dünn gesponnener, erstarrter Nebel, der alles in einem Dunst hinterließ, als müsste sich die Welt vor etwas schützen, in einem Mimikry mit der Natur. Ein Vogel auf der verhüllten Tanne. Am Himmel, weiter entfernt, bricht die Sonne durch die Wolken. Auf der Rückseite der Dünen kommt das Meer in immer wiederkehrenden, gleichförmigen Wellenbewegungen ans Ufer, läuft dort aus, verschwindet wieder, kommt zurück. Wenn man wie hier, fünfhundert Meter vom Meer entfernt, eines der Fenster des Hauses öffnet, kann man das Rauschen hören. Meine Tante ist bereits aufgestanden und macht in der Küche Tee. In Berlin war es jetzt genauso früh, dafür weniger diesig. Was passiert ist, fragt mich meine Tante. Ich kann mich nicht mehr daran erinnern. Wenn ich es versuche, bleiben die Bilder stehen, sie gehen wieder oder drehen sich. Da ist nicht viel. Die Bilder sind zu schwach oder sie vertauschen sich. Ich hatte mich in das Auto gesetzt und war losgefahren. Meinen fast vier Monate alten Sohn in den Kindersitz geschnallt, rasch gepackte Sachen in die Tasche gesteckt. Die Kleider fühlen sich kalt an. Ich ziehe mir die Hose, Socken und Gummistiefel an, einen Pullover über das T-Shirt und gehe vor die Tür. Die Luft ist angenehm frisch und klar. Ich gehe zum Meer. Meine Tante schiebt den Kinderwagen auf dem Kies hin und her. Mit jedem Schritt versuche ich, das loszuwerden, was ich in mir fühle. Es tut nicht einmal mehr weh. Ich bin jetzt allein, nach vierzehn Monaten. Ich weine nicht mehr. Das fällt mir erst in der Rückschau auf. Nach und nach merke ich, wie sehr ich mich von mir selbst entfremdet hatte. Ich bin nicht die, die ich zu sein glaubte.

Einmal habe ich den Weg nicht gefunden. Ich bin über die Dünen zurückgegangen und stand nicht mehr auf meiner Straße. Zuerst dachte ich noch, dass ich auf dem richtigen Weg sei. Die Düne kannte ich, doch Dünen sehen sich nun einmal sehr ähnlich. Das war nicht mein Weg, das war nicht die gleiche Kurve, der gleiche Blick. Da oben gabelte sich der Weg, wie ich es in Erinnerung hatte. Etwas war vom Sand weggebrochen, sodass eine Kluft in dem ausgetretenen Pfad entstanden war. Als der Weg schließlich über eine weitere breite Düne führte und ich inmitten von Dünengras stand, friedlich, glücklich in der lautlosen Mitte hinter dem Meer, vor unseren Häusern, merkte ich, dass ich auch hier falsch war. Ich entschied mich dennoch, weiterzugehen und nicht umzukehren, obwohl mir unwohl war. Ich hatte darauf vertraut, zu unserem Haus zurückzufinden. Nach der zweiten Düne bog ich in einen Trampelpfad ab, der durch Dünengras und blühende Heide führte. Hier und da Büsche, deren Blätter aussahen wie kleiner Lorbeer. Vor mir Tierspuren, ich vermutete einen Hasen. Ich lief mit den Spuren einfach immer weiter, die Spuren verließen mich, die Heide stand mal dünner, mal dichter neben meinem Trampelpfad. Trotzdem ich in der Nähe der Häuser stand, war ich allein. Der Pfad führte weiter auf einen angelegten Pfad, ein Kiesweg, der von Häusern gesäumt war, hier und da Menschen, die auf ihre Terrasse hinausblickten, müde, schläfrig. Der nächste Morgen, an dem ich aufwache, ist still und voller Licht. Ich liege allein in meinem großen Bett. Wenn ich meinen Kopf drehe, liegt da neben mir auf einem blau-weiß karierten Kissen mein Sohn. Huch, du bist da, sagen unsere Augen. Und dann werden seine Augen groß und ich lächle.

Zurück in Berlin ist der Wintertag grau und die Frankfurter Allee trägt mit ihren großen farblosen Bauten dazu bei, dass alles in einem silbernen Schimmer verschwindet. Ich laufe über die Straßenbahnschienen, überquere die Straße und sehe mich in den Schaufenstern widerspiegeln. Am Buchladen halte ich an, ich sehe meinen Umriss, dann blicke ich auf die Auslage, Klassiker, Neuerscheinungen, Märchenbücher. Auf einer Seite sehe ich ein Buch Thomas Bernhards liegen, es ist ganz in Schwarz und mit aggressivem gelbem Rand eingefasst. Ich besitze die klassische Suhrkamp-Ausgabe in tiefem Blau. Es ist eine Novelle. Ich betrete das Geschäft. Es hängen dunkle, grüne Vorhänge vor den Fenstern, dort sind Holztische, altes Interieur. Es ist ruhig im Inneren, der Autolärm verschwunden. Niemand achtet auf mich. Sie lassen mich in Ruhe durch die Tische wandern. Als ich den Bernhard gefunden habe, nehme ich ihn in die Hand und weiß, wie schon zuvor am Fenster, das ich ihm das Buch zum Geburtstag schenken werde. Es ist die einzige Liebesgeschichte Bernhards. Die Begegnung des Erzählers mit einer Perserin. Es heißt: *Ja*. Doch dieses Ja steht nicht für eine Lebensbejahung. Es handelt von zwei verzweifelten Menschen, die einander zufällig kennenlernen und miteinander reden. Sie unternehmen lange Spaziergänge. Sie reden über Schumann und Schopenhauer. Während der Erzähler sich besser fühlt, geht die Perserin in einen Rückzug, der in einem finalen Entschluss endet. Der Erzähler schreibt, »daß ich sie, die Perserin, ganz unvermittelt und tatsächlich in meiner rücksichtslosen Weise gefragt hatte, ob sie selbst sich eines Tages umbringen werden. Darauf hatte sie nur gelacht und *Ja* gesagt.«[57] Dieses Buch war der Entschluss, etwas hinter mir zu lassen. Es war der Anfang einer Versöhnung. Als ich Monate zuvor in Jeans und dünnem Oberteil das erste Mal seit der Geburt ohne Kind und ohne ihn auf eine Ausstellungseröffnung gehe, da wackeln meine Beine. Alles ist noch ein Schritt zu viel. Die Eröffnung findet direkt gegenüber seiner Wohnung statt. Es ist Zufall, dass ich gegenüber von meinem alten Zuhause auf einer Party stehe. Ich denke mit Blick auf seine Fenster: Das ist jetzt das Ende. Und dann, in diesem einen Moment, sehe ich, wie er das Haus verlässt. Er trägt eine Kiste, die er in ein Auto lädt. Er verschwindet wieder im Hausflur. Ich starre zurück, in den Raum, auf meine Tasche. Ich hole mein Telefon aus der Tasche, schreibe ihm. Als er wieder unten steht, sehe ich, wie er meine Nachricht liest. Er klappt das Telefon wieder zu. Er schreibt nicht. Er ruft nicht an. Ich drehe mich wieder um und schaue in den Raum. Als ich die Eröffnung verlasse, gehe ich in seine Richtung. Ich möchte nicht, aber ich muss. Er steht da, trägt wieder eine Kiste und sieht mich unvermittelt an. Hallo, sagt er so gedrückt und trotzig, dass ich nicht weiß, wie ich darauf antworten soll. Doch ich sage etwas, das ich heute vergessen habe. Dann gehe ich in die andere Richtung, blicke noch einmal über die Straße, jedoch nicht zurück – und die Sonne fällt mir dabei so sehr ins Gesicht, dass sie mich blendet.

Seitdem sind mehr als vier Jahre vergangen. Ich fühle mich befreit von Bedürfnissen, die nicht meine waren. Mein Sohn hat einen Vater. Ich genieße das Zusammensein mit meiner Mutter. Sie ist mir näher als jemals zuvor, vor allem auch deshalb, weil ich sie das erste Mal als Frau und nicht mehr nur als Mutter sehe. Mein leiblicher Vater hat wenige Monate, bevor ich schwanger wurde, den Kontakt zu mir gesucht. Mein Kind hat Oma und Opa. Und ich habe plötzlich wieder eine Mutter und einen Vater. Ich erinnere mich an ein letztes Gespräch, das ich mit meiner Therapeutin nach der Trennung geführt habe.

Ich sage: Ich dachte immer, ich sei stärker als meine Mutter. Sie müssen ja nicht stärker sein.
Sicher, sage ich. Und ich denke: Das stimmt. Ich brauche es ja gar nicht zu sein. Das ist befreiend.

Ich sage: Ich bin gar nicht die, die ich zu sein dachte.
Ja. Sie nickt mir zu und sagt: Die ganze Persönlichkeit, oder sagen wir, mehr von Ihrer Persönlichkeit wird sichtbar.
Und dann sagt sie: Vielleicht sind Sie ähnlich und gleichzeitig auch ganz anders als Ihre Mutter?
Und sie entlässt mich mit der Frage: Wer und wie wollen Sie sein?

EPILOG – 1956

Der Februar, in dem meine Mutter geboren wurde, war der kälteste Februar seit den Wetteraufzeichnungen. Die Temperaturen sanken auf minus zehn bis minus fünfundzwanzig Grad. Das Wasser gefror über Nacht in den Graften und in den Tümpeln der Weiden, die rings um das kleine Städtchen verteilt sind – und an den Fenstern in den Häusern wanderten die Eisblumen von außen nach innen, bis man nicht mehr durchsehen konnte. Fünfzehn Kilometer nördlich friert das Wattenmeer zu. Die Weiden erstarren. Das Gras knackt unter den Schritten. Alles legt sich unter eine feine Eisdecke. Der Winter kam so plötzlich und fegte mit scharfem Ostwind über das Land, dass man ihn einen *russischen Winter* nannte. Es hatte zuvor zwei milde Wintermonate gegeben, die eher an den Frühling als an eine Eiseskälte denken ließen. Meine Großmutter lag in den Wehen, wie sie es zuvor schon getan hatte, mit drei Söhnen und einem Mädchen. Sie waren nun kleine Kinder, die im Haus ihrer Eltern herumliefen. Sie warteten auf das Baby. Weil es so kalt war, legte mein Großvater heiße Ziegelsteine in die Wiege, in die das Baby hineinkommen würde. Ein Mädchen, sagte die Hebamme wenig später. Man stelle sich vor, wie meine Großeltern sie anblickten. Die schwarzen Augen, der kleine Körper.

Sie würde Angst haben, wie alle Menschen Angst haben. Sie würde Liebe erleben, wie alle Menschen Liebe erleben. Ob kurz oder lang, aber sie würde es erleben. Sie würde sich verlieben und sie würde Hoffnung spüren. Sie würde Frustration erleben, Aufregung, Enttäuschung und Verlust. Sie würde einige Geheimnisse teilen und andere nicht. Sie würde einige Wünsche teilen und andere nie erwähnen. Am meisten würde sie sich selbst erleben, mit sich und anderen. Mit ihrer Familie, ihren Eltern, ihren Geschwistern, ihren Freunden, den Nachbarskindern, den Freundinnen. Und später mit ihrem Mann, mit ihren Kindern und deren Kindern. Mit ihren Arbeitskollegen. Mit all dem, was sie als Leben erlebt. Mit all dem, was sie verwirrt, bestätigt oder sich selbst vergessen lässt. Sie würde atmen und leben, bis wir ihre Hand halten und wir ihren Atem nicht mehr hören. Und ich werde es ihr nachmachen.

DANK

Danken möchte ich allen Leserinnen und Lesern – Mütter, Töchter, Väter und Söhne –, mit denen ich meine Geschichte teilen kann.

Ich danke meiner Mutter für ihre Aufrichtigkeit, ihre Offenheit und ihren Mut, mir ihre Geschichte anzuvertrauen.

Mein Dank gilt meiner Agentin Petra Eggers sowie meinem Verleger Holger Kuntze. Meinem Lektor Moritz Volk, der das Buch mit mir editiert hat.

Christoph Amend und Christine Meffert, die meinen Artikel »Bin ich wie meine Mutter?« im *ZEIT*-Magazin veröffentlicht haben.

Jan Abele, der mich in meiner Recherche unterstützt hat. Und Astrid Herbold, die mir mit ihrem Ideen und der gelassenen Art den Weg in den Text geebnet hat.

Meinem Sohn Otto wie immer: Danke.

ANMERKUNGEN

1 Iwan Sergejewitsch Turgenew, *Erste Liebe*, Bern 1948, S. 9/10.
2 Sigmund Freud, *Jenseits des Lustprinzips*, Frankfurt a. M. 1920, http://gutenberg.spiegel.de/buch/jenseits-des-lustprinzips-8092/3, zuletzt abgerufen am 16.1.2018.
3 James Wood, Becoming Them, *The New Yorker*, 21. Januar 2013.
4 Singe Hammer, *Töchter und Mütter*, Frankfurt a. M. 1977.
5 Haruki Murakami, *Gefährliche Geliebte*, Köln 2000, S. 208.
6 Eva Illouz, *Die neue Liebesordnung: Frauen, Männer und Shades of Grey*, Frankfurt 2013, S. 47.
7 Ebd., S. 58–59.
8 John Bradshaw, *Familiengeheimnisse: Warum es sich lohnt, ihnen auf die Spur zu kommen*, München 1997.
9 Wolfgang Hantel-Quitmann, *Basiswissen Familienpsychologie: Familien verstehen und helfen*, Stuttgart 2013, S. 304.
10 Signe Hammer, *Töchter und Mütter*, S. 198.
11 Jean-Claude Kaufmann, *Der Morgen danach*, München 2002, S. 17–18.
12 Friedrich Wilhelm Nietzsche, *Nachgelassene Fragmente. November 1882 – Februar 1883*.
13 John Bowlby, *Bindung*, München 2006, S. 176. Er benutzt den Terminus »Mutterfigur«, da die Bezugsperson nicht zwangsläufig die natürliche Mutter sein muss.
14 Ebd., S. 199f. Bowlby bezieht sich auf Studien an Kindern aus Ganda und Schottland.
15 Ebd., S. 204.
16 Judith A. Crowell, Frühe Schädigung, Bindungsrepräsentationen und

Partnerschaft, in: Karl Heinz Brisch (Hg.), *Bindungen – Paare, Sexualität und Kinder,* Stuttgart 2012, S. 152.

17 Eva Neumann, *Von der Eltern-Kind-Bindung zur Paarbindung Erwachsener,* Dissertation Ruhr-Universität Bochum 2002, S. 193.

18 Philip A. Cowan u. Carolyn Pape Cowan, Erwachsenenbindung, Paarbindung und Kindesentwicklung: Ein familiensystemisches Modell und seine Bedeutung für beziehungs- und bildungsorientierte Intervention, in: Brisch, *Bindungen,* S. 124.

19 Bradshaw, *Familiengeheimnisse,* S. 214.

20 Helge Pross, *Die Wirklichkeit der Hausfrau,* Reinbek bei Hamburg 1974.

21 Hedi Wyss, *Das rosarote Mädchenbuch,* Bern/Stuttgart 1972.

22 Interview in *The Guardian* vom 10.3.2002, https://www.theguardian.com/theobserver/2002/mar/10/life1.lifemagazine4, zuletzt abgerufen am 12.1.2018.

23 Hammer, *Töchter und Mütter,* S. 12.

24 Max Frisch, *Tagebuch 1966 – 1971,* Frankfurt a.M. 1972, S. 24–25.

25 Fritz B. Simon, Ulrich Clement u. Helm Stierlin, *Die Sprache der Familientherapie. Ein Vokabular,* Stuttgart 1984, S. 207.

26 Ivan Boszormenyi-Nagy u. Geraldine M. Spark, *Unsichtbare Bindungen,* Stuttgart 1981, S. 295ff. Nagy zitiert hier Erikson.

27 Helm Stierlin, *Eltern und Kinder. Das Drama von Trennung und Versöhnung im Jugendalter,* Frankfurt a.M. 1980, S. 63ff.

28 Fritz B. Simon, Ulrich Clement u. Helm Stierlin, *Die Sprache der Familientherapie. Ein Vokabular,* Stuttgart 2004, S. 208.

29 Boszormenyi-Nagy, *Unsichtbare Bindungen,* Stuttgart 1981.

30 Tom Levold, Nachruf auf Ivan Boszormenyi-Nagy, http://www.systemagazin.de/beitraege/nachrufe/boszormenyi-nagy.php, zuletzt abgerufen 12.1.2018.

31 Daniel J. Siegel u. Mary Hartzell, *Gemeinsam leben, gemeinsam wachsen,* Freiamt 2004, S. 19.

32 Jonathan Franzen, *Die Korrekturen,* Reinbek bei Hamburg 2002, S. 29.

33 Hammer, *Töchter und Mütter,* S. 15.

238

34 Rebecca Solnit, *Wenn Männer mir die Welt erklären*, Hamburg 2015, S. 12f.

35 Rosa Rechtsteiner, *Familie im Gepäck – Wie Sie sich aus alten Mustern lösen und zum eigenen Leben finden*, Ostfildern 2015, S. 9.

36 Ebd., S. 153.

37 Joan Didion, *Das Jahr des magischen Denkens*, Berlin 2006, S. 110.

38 Dorothee Döring, *Familiengeheimnisse und Tabus – Wie Sie sich Ihrer Vergangenheit stellen können*, München 2008, S. 13f.

39 Carl Gustav Jung, *Vater, Mutter, Kind*, Freiburg 1989, S. 7.

40 Carl Gustav Jung: *Die psychologischen Aspekte des Mutter-Archetyps* (1938). In: C. G. Jung: *Archetypen*, München 1990, S. 75ff.

41 Harry Stuck Sullivan, *The Interpersonal Theory of Psychiatry*, New York 1953, S. 110f.

42 Jeffrey Young u. a., *Schematherapie: Ein praxisorientiertes Handbuch*, Paderborn 2008, S. 36.

43 Gabriele Haug-Schnabel, »Ich bin doch nur die Mutter!« In: *Psychologie Heute*, 1992, 19 (11), S. 58–62.

44 Margarete Moulin, »Liebe auf Distanz«, in: *Die Zeit*, 5.9.2013, http://www.zeit.de/2013/37/frankreich-kinder-staatliche-fruehfoerderung/komplettansicht, zuletzt abgerufen am 15. Januar 2018.

45 Orna Donath, *Regretting Motherhood – Wenn Mütter bereuen*, München 2016, S. 67.

46 Joyce Block, *Du bist unser Wunderkind und du das Schwarze Schaf*, Hamburg 1997, S. 15/16.

47 Ebd., S. 20.

48 Nicole Zepter, »Bin ich wie meine Mutter?«, in: *Zeit Magazin*, 13. November 2014.

49 Paula J. Caplan, *So viel Liebe, so viel Hass – Zur Verbesserung der Mutter-Tochter-Beziehung*, Köln 1990, S. 21.

50 *Geliebte Feindinnen? Mütter und Töchter*, GEO Wissen, Medea Film 2012.

51 *The Oprah Winfrey Show*, 1.10.2010.

52 Daniel L. Schacter, *Wir sind Erinnerung. Gedächtnis und Persönlichkeit*, Reinbek bei Hamburg 1999.

53 Henrik Ibsen, *Gespenster: Ein Familiendrama in drei Akten,* II. Akt/42, http://www.gutenberg.org/files/22159/22159-h/22159-h.htm, zuletzt abgerufen am 16.1.2018.

54 Roland Barthes, *Fragmente einer Sprache der Liebe,* Frankfurt a.M. 1977, S. 27.

55 Rosmarie Welter-Enderlin, *Deine Liebe ist nicht meine Liebe,* Freiburg 1999, S. 29.

56 Wolfgang Hantel-Quitmann, *Die Masken der Paare: Und welche Gefühle sie verbergen,* Freiburg 2008, S. 114.

57 Thomas Bernhard, *Ja,* Frankfurt a.M. 1978, S. 141.